Histoires Courtes en Grec

Apprendre l'Grec facilement en lisant des histoires courtes

Dimitris Papadopoulos

greenthumbpublishing@gmail.com

Contenu

Introduction

Lire dans une langue étrangère est l'un des moyens les plus efficaces d'améliorer ses compétences linguistiques et d'enrichir son vocabulaire. Cependant, il est parfois difficile de trouver des supports de lecture attrayants, d'un niveau approprié, qui procurent un sentiment de réussite et de progrès. La plupart des livres et articles écrits pour des locuteurs natifs peuvent être trop longs et difficiles à comprendre ou contenir un vocabulaire de très haut niveau, de sorte que vous vous sentez dépassé et abandonnez. Si ces problèmes vous sont familiers, alors ce livre est pour vous !

Histoires Courtes en Grec est une collection de 25 histoires courtes non conventionnelles et divertissantes qui sont conçues pour aider les apprenants de niveau débutant à intermédiaire Grec à améliorer leurs compétences linguistiques.

Ces histoires courtes créent un environnement propice à la lecture en incluant ;

- Un contenu linguistique riche dans différents genres pour vous divertir et vous exposer à une variété de formes de mots.
- Des histoires plus courtes en chapitres pour vous donner la satisfaction de terminer des histoires et de progresser rapidement.
- Des textes écrits à votre niveau afin qu'ils soient plus facilement compréhensibles et ne vous dépassent pas.
- Traduction française sur des pages alternées afin que vous puissiez vous y référer directement ligne par ligne tout en lisant l'histoire Grec.
- Le vocabulaire clé est imprimé en gras tout au long

de l'histoire et de la traduction pour vous aider à comprendre plus facilement les mots qui ne vous sont pas familiers.

- Des questions de compréhension pour tester votre compréhension des événements clés et vous encourager à lire plus en détail.

Que vous souhaitiez enrichir votre vocabulaire, améliorer votre compréhension ou simplement lire pour le plaisir, ce livre est le plus grand pas en avant que vous ferez dans vos études cette année. Histoires Courtes en Grec vous apportera tout le soutien dont vous avez besoin, alors asseyez-vous, détendez-vous et laissez libre cours à votre imagination en vous laissant transporter dans un monde magique d'aventures, de mystères et d'intrigues - en Grec!

Comment utiliser ce livre

La lecture est un talent difficile à maîtriser. Nous utilisons toute une série de micro-compétences pour nous aider à lire dans notre langue maternelle. Par exemple, nous pouvons parcourir un passage pour en comprendre le sens, ou l'essentiel. Nous pouvons aussi passer au peigne fin les nombreuses pages d'un horaire de train à la recherche d'une heure ou d'un lieu précis. Si ces micro-compétences sont une seconde nature lorsque nous lisons dans notre langue maternelle, les recherches révèlent que nous en oublions souvent la plupart lorsque nous lisons dans une langue étrangère. Lorsque nous apprenons une langue étrangère, nous commençons généralement par le début d'un texte et le parcourons en essayant de comprendre chaque mot. Inévitablement, nous rencontrons des termes peu familiers ou complexes et nous sommes gênés par notre incapacité à les comprendre.

L'un des principaux avantages de la lecture dans une langue étrangère est que vous êtes exposé à un grand nombre de phrases et d'expressions utilisées dans des situations quotidiennes. La lecture extensive est un terme utilisé pour décrire la lecture pour le plaisir dans le but d'apprendre une langue. En d'autres termes, la lecture approfondie de manuels scolaires aide généralement à l'apprentissage des règles de grammaire et d'un vocabulaire particulier, mais la lecture extensive d'histoires aide à l'apprentissage du langage naturel.

Histoires Courtes en Grec vous donnera l'occasion d'en apprendre davantage sur la langue naturelle Grec en usage, même si vous avez peut-être commencé votre voyage d'apprentissage des langues uniquement avec

des manuels. Voici quelques conseils à garder à l'esprit lorsque vous lirez les histoires de ce livre pour en tirer le meilleur parti : Lorsqu'il s'agit de lire, le plaisir et le sentiment d'accomplissement sont essentiels. Vous en redemandez parce que vous aimez ce que vous lisez. Lire chaque histoire du début à la fin est la meilleure méthode pour prendre plaisir à lire des histoires et se sentir accompli. Par conséquent, la chose la plus cruciale est d'arriver à la fin d'une histoire. C'est en fait plus important que de connaître chaque mot.

Plus vous lisez, plus vous acquerrez de connaissances. Vous aurez rapidement une connaissance du fonctionnement de la Grec si vous lisez de gros livres pour le plaisir. Cependant, gardez à l'esprit que pour tirer tous les bénéfices d'une lecture extensive, vous devez d'abord lire un volume suffisamment important. Lire quelques pages ici et là peut vous apprendre quelques nouveaux mots, mais cela ne fera pas une différence significative dans votre niveau global de Grec.

Acceptez le fait que vous ne comprendrez pas tout ce que vous lisez dans un roman. C'est, sans aucun doute, le point le plus crucial ! N'oubliez jamais que le fait de ne pas comprendre tous les mots ou toutes les phrases est tout à fait acceptable. Cela ne signifie pas que vos compétences linguistiques sont insuffisantes ou que vos résultats sont médiocres. Cela indique que vous participez activement au processus d'apprentissage.

Guide de lecture

Afin de tirer le meilleur parti de la lecture d'Histoires Courtes en Grec, il est préférable que vous suiviez ce processus de lecture simple en six étapes pour chaque chapitre des histoires :

1. Lisez le titre du chapitre. Réfléchissez à ce que pourrait être le sujet de l'histoire. Puis lisez l'histoire jusqu'au bout. Votre objectif est simplement d'atteindre la fin de l'histoire. Par conséquent, ne vous arrêtez pas pour chercher des mots et ne vous inquiétez pas s'il y a des choses que vous ne comprenez pas. Essayez simplement de suivre l'intrigue.

2. Lorsque vous arrivez à la fin de l'histoire, parcourez la traduction française pour voir si vous avez compris ce qui s'est passé et reprenez tout contexte qui vous aurait échappé.

3. Revenez en arrière et relisez la même histoire. Si vous le souhaitez, vous pouvez vous concentrer davantage sur les détails de l'histoire qu'auparavant, mais sinon, lisez-la simplement une fois de plus.

4. Ensuite, répondez aux questions de compréhension en Grec pour vérifier votre compréhension des événements clés de l'histoire. Si vous ne comprenez pas entièrement les questions, ne vous inquiétez pas. Utilisez vos connaissances pour répondre du mieux que vous pouvez.

5. A ce stade, vous devriez avoir une certaine compréhension des principaux événements du chapitre. Si ce n'est pas le cas, vous pouvez relire le chapitre plusieurs fois en utilisant la traduction pour vérifier les

mots et les phrases inconnus jusqu'à ce que vous vous sentiez en confiance.

Une fois que vous êtes prêt et sûr d'avoir compris ce qui s'est passé - que ce soit après une ou plusieurs lectures de l'histoire - passez à l'histoire suivante et continuez à apprécier l'histoire à votre propre rythme, comme vous le feriez pour n'importe quel autre livre.

Ce n'est qu'une fois que vous avez terminé une histoire dans son intégralité que vous pouvez envisager de revenir en arrière et d'étudier le langage de l'histoire plus en profondeur si vous le souhaitez. Au lieu de vous inquiéter de tout comprendre, prenez le temps de vous concentrer sur ce que vous avez compris et de vous féliciter pour tout ce que vous avez fait.

Histoires Courtes

en Grec

Dimitris Papadopoulos

Τα ερείπια της Πομπηίας

Ο ήλιος έδερνε ανελέητα την πόλη της Πομπηίας εδώ και μέρες. Οι κάτοικοι είχαν συνηθίσει τη ζέστη, αλλά ακόμη και αυτοί είχαν **αρχίσει να** αισθάνονται τις συνέπειες του **αδυσώπητου** καύσωνα. Το νερό είχε αρχίσει να λιγοστεύει και τα πνεύματα είχαν αρχίσει να φουντώνουν. Το πρωί της 24ης Αυγούστου, τα πράγματα άλλαξαν προς το χειρότερο. Ένας τεράστιος σεισμός συγκλόνισε την πόλη, ακολουθούμενος από μια έκρηξη του Βεζούβιου που κάλυψε την Πομπηία με πυκνή **ηφαιστειακή** τέφρα. Οι πολίτες πανικοβλήθηκαν καθώς προσπαθούσαν να ξεφύγουν από το θανατηφόρο νέφος. Αλλά ήταν πολύ αργά: μέσα σε λίγες ώρες, η Πομπηία θάφτηκε κάτω από εκατομμύρια τόνους βράχων και τέφρας. Για αιώνες, η Πομπηία **παρέμεινε** κρυμμένη κάτω από τον τάφο της από ηφαιστειακά συντρίμμια. Αλλά το 1748, μια ομάδα εξερευνητών ανακάλυψε ξανά την από καιρό χαμένη πόλη - και αυτό που βρήκαν ήταν τόσο συναρπαστικό όσο και σπαρακτικό. **Κάτω από** τις στάχτες βρισκόταν ένα τέλεια διατηρημένο στιγμιότυπο της ρωμαϊκής ζωής... μαζί με τα πτώματα εκείνων που δεν είχαν διαφύγει εγκαίρως.

Les ruines de Pompéi

Depuis plusieurs jours, le soleil s'abat sans pitié sur la ville de Pompéi. Les citoyens étaient habitués à la chaleur, mais même eux **commençaient à** ressentir les effets de cette vague de chaleur **incessante**. L'eau se fait rare et les esprits s'échauffent. Le matin du 24 août, la situation s'est aggravée. Un énorme tremblement de terre a secoué la ville, suivi d'une éruption du mont Vésuve qui a recouvert Pompéi d'une épaisse couche de cendres **volcaniques**. Les citoyens ont paniqué en essayant d'échapper au nuage mortel. Mais il était trop tard ; en quelques heures, Pompéi était ensevelie sous des millions de tonnes de roche et de cendres. Pendant des siècles, Pompéi est **restée** cachée sous sa tombe de débris volcaniques. Mais en 1748, un groupe d'explorateurs a redécouvert la ville perdue depuis longtemps - et ce qu'ils ont trouvé était à la fois fascinant et déchirant. **Sous les** cendres se trouvait un instantané parfaitement préservé de la vie romaine... ainsi que les corps de ceux qui n'avaient pas pu s'échapper à temps.

La première chose qui m'a frappée, c'est le silence. Après des siècles d'enfouissement sous la cendre,

Το πρώτο πράγμα που μου έκανε εντύπωση ήταν η σιωπή. Μετά από αιώνες που ήταν θαμμένη κάτω από τη στάχτη, η Πομπηία ήταν τρομακτικά ήσυχη. Το δεύτερο πράγμα που παρατήρησα ήταν τα πτώματα - **εκατοντάδες** από αυτά, παγωμένα στο χρόνο. Ήταν ένα **απογοητευτικό** θέαμα. Καθώς εξερευνούσαμε περισσότερο, αρχίσαμε να κατανοούμε καλύτερα τι είχε συμβεί εκείνη τη μοιραία ημέρα. Μπορούσαμε να δούμε πού οι άνθρωποι είχαν προσπαθήσει να διαφύγουν, αλλά είχαν καταπλακωθεί από τα ηφαιστειακά συντρίμμια. Σε ορισμένες περιπτώσεις, ολόκληρες οικογένειες είχαν διασωθεί - μητέρα και παιδί στριμωγμένα μαζί στις τελευταίες τους **στιγμές**. Ήταν τόσο τραγικό όσο και **συναρπαστικό** να βλέπουμε την Πομπηία όπως ήταν κάποτε - μια πολυσύχναστη πόλη γεμάτη ζωή, που τώρα έχει μετατραπεί σε μια πόλη-φάντασμα γεμάτη θάνατο.

Παρά την τραγωδία όσων συνέβησαν, η Πομπηία έχει κάτι παράξενα όμορφο. Κατά κάποιον τρόπο, είναι σαν να κοιτάζεις μια χρονοκάψουλα - μια ματιά σε έναν άλλο κόσμο που χάθηκε πριν από πολύ καιρό. Καθώς περπατούσαμε στους δρόμους και βλέπαμε τα **καθημερινά αντικείμενα** που είχαν διατηρηθεί από τη στάχτη, δεν μπορούσα παρά να νιώσω μια αίσθηση θαυμασμού. Ήταν σαν να είχα μεταφερθεί πίσω στο χρόνο. Και κατά κάποιον τρόπο, νομίζω ότι αυτό θα είναι πάντα η Πομπηία - ένα μέρος όπου ο χρόνος σταματάει.

Pompéi était étrangement calme. La deuxième chose que j'ai remarquée, ce sont les corps - des **centaines**, figés dans le temps. C'était un spectacle **qui donnait à réfléchir**. En poursuivant notre exploration, nous avons commencé à mieux comprendre ce qui s'était passé en ce jour fatidique. Nous avons pu voir les endroits où les gens avaient essayé de fuir mais avaient été écrasés par les débris volcaniques. Dans certains cas, des familles entières avaient été préservées - mère et enfant se serrant l'un contre l'autre dans leurs derniers **instants**. Il était à la fois tragique et **fascinant** de voir Pompéi telle qu'elle était autrefois, une ville animée et pleine de vie, aujourd'hui réduite à une ville fantôme où règne la mort.

Malgré la tragédie de ce qui s'est passé, Pompéi a quelque chose d'étrangement beau. D'une certaine manière, c'est comme regarder une capsule temporelle - un aperçu d'un autre monde qui a été perdu il y a longtemps. Lorsque nous nous sommes promenés dans les rues et que nous avons vu les **objets du quotidien qui** avaient été préservés par la cendre, je n'ai pu m'empêcher de ressentir un sentiment d'émerveillement. C'était comme si j'avais été transportée dans le passé. Et d'une certaine manière, je pense que c'est ce que Pompéi sera toujours - un lieu où le temps s'arrête.

Ερωτήσεις κατανόησης

1.Πόσο καιρό η Πομπηία ήταν θαμμένη κάτω από το σωρό της τέφρας;

2. Πώς έμοιαζε όταν οι άνθρωποι προσπαθούσαν να ξεφύγουν από την ηφαιστειακή τέφρα;

3. Υπήρχαν μέρη όπου οι άνθρωποι μπορούσαν να αναζητήσουν ασφάλεια από τη στάχτη;

4. Γιατί τα σώματα των ανθρώπων που θάφτηκαν στην Πομπηία είναι τόσο καλά διατηρημένα;

5. Τι το ιδιαίτερο έχει η Πομπηία που την κάνει να διαφέρει από άλλες πόλεις;

6. Πώς αντιδρούν συνήθως οι άνθρωποι στη ζέστη στην Πομπηία;

7. Τι έκανε την Πομπηία να ανακαλυφθεί εκ νέου;

8. Πώς ήταν η Πομπηία πριν από την έκρηξη του ηφαιστείου;

9. Τι αισθήματα είχε ο συγγραφέας όταν επισκέφθηκε την Πομπηία;

Questions de compréhension

1. Combien de temps Pompéi a-t-elle été enterrée sous le tas de cendres ?

2. A quoi ressemblaient les gens qui tentaient de fuir les cendres volcaniques ?

3. Y avait-il des endroits où les gens pouvaient se mettre à l'abri des cendres ?

4. Pourquoi les corps des personnes enterrées à Pompéi sont-ils si bien conservés ?

5. Quelle est la particularité de Pompéi qui la rend différente des autres villes ?

6. Comment les gens réagissent-ils habituellement à la chaleur à Pompéi ?

7. Pourquoi Pompéi a-t-elle été redécouverte ?

8. A quoi ressemblait Pompéi avant l'éruption du volcan ?

9. Quels sentiments l'auteur a-t-il éprouvés lorsqu'il a visité Pompéi ?

Η Αθήνα την Άνοιξη

Το πρώτο πράγμα που παρατηρείτε όταν φτάνετε στην Αθήνα είναι η ζέστη. Σε χτυπάει σαν τοίχος, ακόμη και αν έρχεσαι από κάποιο ζεστό μέρος. Το δεύτερο πράγμα είναι ο θόρυβος - φαίνεται ότι όλοι μιλούν ταυτόχρονα και πάντα παίζει κάπου **μουσική.** Αλλά μετά από λίγες μέρες, αρχίζεις να το συνηθίζεις και αρχίζεις να εκτιμάς την πόλη για τη χαοτική της **ενέργεια**. Η άνοιξη είναι μια από τις καλύτερες εποχές για να βρεθείς στην Αθήνα. Ο καιρός είναι τέλειος - ούτε πολύ ζέστη, ούτε πολύ κρύο - και τα πάντα ζωντανεύουν. Τα δέντρα ανθίζουν, τα λουλούδια έχουν βγει και όπου κι αν κοιτάξεις, υπάρχει κάτι **όμορφο** να δεις. Ακόμα και τα **κτίρια που** είναι καλυμμένα με γκράφιτι έχουν μια κάποια **γοητεία** υπό αυτό το φως. Πάντα κάτι συμβαίνει στην Αθήνα είναι πάντα ζωντανή - είτε πρόκειται για ένα φεστιβάλ δρόμου, είτε για ζωντανή μουσική, είτε απλά για ανθρώπους που κάθονται έξω και απολαμβάνουν έναν καφέ ή μια μπύρα (ή και τα δύο).

Υπάρχει ένα αίσθημα χαράς στον αέρα που κάνει ακόμα και τους ξένους να φαίνονται σαν φίλοι. Όλοι φαίνονται ευτυχισμένοι που βρίσκονται εδώ, ζώντας τη ζωή μέσα σε όλη αυτή την ιστορία και

Athènes au printemps

La première chose que l'on remarque en arrivant à Athènes, c'est la chaleur. Elle vous frappe comme un mur, même si vous venez d'un endroit chaud. La deuxième chose est le bruit : on a l'impression que tout le monde parle en même temps et qu'il y a toujours de la **musique** quelque part. Mais après quelques jours, on s'y habitue et on commence à apprécier la ville pour son **énergie** chaotique. Le printemps est l'une des meilleures périodes pour être à Athènes. Le temps est parfait - ni trop chaud, ni trop froid - et tout s'anime. Les arbres sont en fleurs, les fleurs sont sorties, et partout où vous regardez, il y a quelque chose de **beau** à voir. Même les **bâtiments** couverts de graffitis ont un certain **charme** dans cette lumière. Il se passe toujours quelque chose à Athènes, c'est toujours vivant, qu'il s'agisse d'un festival de rue, de musique live ou simplement de gens assis dehors en train de déguster un café ou une bière (ou les deux).

Il y a un sentiment de joie dans l'air qui fait que même les étrangers semblent être des amis. Tout le monde semble heureux d'être ici, de vivre au milieu de toute cette histoire et cette culture. Si vous voulez vraiment **découvrir** Athènes sous son meilleur jour, venez au

τον πολιτισμό. Αν θέλετε να **ζήσετε** πραγματικά την Αθήνα στα καλύτερά της, ελάτε την **άνοιξη** - δεν θα το μετανιώσετε! Ήταν η πρώτη μου φορά στην Αθήνα και γοητεύτηκα αμέσως από την πόλη. Ο καιρός ήταν τέλειος, το φαγητό νόστιμο και πάντα υπήρχε κάτι να κάνει κανείς. Μου άρεσε να **περιπλανιέμαι** άσκοπα, απολαμβάνοντας όλα τα αξιοθέατα και τους ήχους αυτού του ζωντανού τόπου. Ένα απόγευμα, βρέθηκα σε μια περιοχή γεμάτη μικρά καταστήματα που πωλούσαν τα πάντα, από σουβενίρ μέχρι χειροποίητα κοσμήματα. **Σταμάτησα σε** μια μικρή καφετέρια για έναν καφέ και παρακολουθούσα τον κόσμο που περνούσε - ντόπιους και τουρίστες. Φαινόταν να υπάρχει ένα πραγματικό μείγμα πολιτισμών εδώ, και όλοι έδειχναν να τα πάνε τέλεια μαζί. Κάθισα εκεί για ώρες, **παρατηρώντας** τους ανθρώπους και απολαμβάνοντας την ατμόσφαιρα, μέχρι που άρχισε να σκοτεινιάζει. Καθώς επέστρεφα στο ξενοδοχείο μου, ένιωθα πραγματικά ευτυχισμένη - σαν να ανήκα εδώ.

Η Ελλάδα ήταν πάντα ένα από εκείνα τα μέρη που ήταν στη λίστα μου, αλλά για τον ένα ή τον άλλο λόγο, ποτέ δεν κατάφερα να την επισκεφτώ - μέχρι τώρα. Και επιτρέψτε μου να σας πω, δεν **με απογοήτευσε!** Η Αθήνα είναι μια απίστευτη πόλη με τόση **ιστορία** και πολιτισμό (για να μην αναφέρω το υπέροχο φαγητό!) Είναι αδύνατο να μην την ερωτευτείς αμέσως με την άφιξή σου.

printemps - vous ne le regretterez pas ! C'était ma première fois à Athènes, et j'ai été immédiatement charmée par la ville. Le temps était parfait, la nourriture était délicieuse, et il y avait toujours quelque chose à faire. J'ai adoré **me promener** sans but, en profitant de toutes les images et de tous les sons de cet endroit dynamique. Un après-midi, je me suis retrouvée dans un quartier rempli de petites boutiques vendant de tout, des souvenirs aux bijoux faits main. Je **me suis arrêtée** dans un petit café pour prendre un café et j'ai regardé les gens passer - les locaux comme les touristes. Il semblait y avoir un réel mélange de cultures ici, et tout le monde semblait s'entendre parfaitement bien. Je suis resté assis pendant des heures à **regarder** les gens et à **m'imprégner de l'**atmosphère jusqu'à ce que la nuit tombe. En rentrant à l'hôtel, je me suis sentie vraiment heureuse, comme si j'étais à ma place.

La Grèce a toujours été l'un de ces endroits qui figuraient sur ma liste de souhaits, mais pour une raison ou une autre, je n'ai jamais eu l'occasion de la visiter - jusqu'à maintenant. Et laissez-moi vous dire que je n'ai pas été **déçue** ! Athènes est une ville incroyable avec tellement d'**histoire** et de culture (sans parler de la bonne nourriture !) qu'il est impossible de ne pas tomber amoureux d'elle dès son arrivée.

Ερωτήσεις κατανόησης

1. Ποια είναι τα δύο πρώτα πράγματα που παρατηρείτε όταν φτάνετε στην Αθήνα;

2. Πώς σας κάνει να αισθάνεστε η πόλη;

3. Ποιο είναι το αγαπημένο σας πράγμα στην Αθήνα;

4. Τι μπορείτε να κάνετε στην Αθήνα;

5. Πώς είναι ο καιρός στην Αθήνα;

6. Ποια είναι η ιστορία της Αθήνας;

7. Ποια είναι η κουλτούρα της Αθήνας;

8. Πώς είναι το φαγητό στην Αθήνα;

9. Πώς είναι οι άνθρωποι στην Αθήνα;

10. Γιατί κάποιος πρέπει να επισκεφθεί την Αθήνα;

Questions de compréhension

1. Quelles sont les deux premières choses que vous remarquez en arrivant à Athènes ?

2. Comment la ville vous fait-elle sentir ?

3. Qu'est-ce que vous préférez à Athènes ?

4. Qu'y a-t-il à faire à Athènes ?

5. Quel temps fait-il à Athènes ?

6. Quelle est l'histoire d'Athènes ?

7. Quelle est la culture d'Athènes ?

8. Comment est la nourriture à Athènes ?

9. Comment sont les gens à Athènes ?

10. Pourquoi devrait-on visiter Athènes ?

Μια μέρα στη Μύκονο

Ο ήλιος μόλις ξεπρόβαλλε από τον ορίζοντα όταν βγήκα στο μπαλκόνι της βίλας μου. Η θέα έκοβε την ανάσα, όπως πάντα στη Μύκονο. Ο αστραφτερός ωκεανός, οι **παραλίες** με τη λευκή άμμο και τα πολύχρωμα σπίτια που ήταν διάσπαρτα στο τοπίο, όλα μαζί δημιουργούσαν ένα σκηνικό που έμοιαζε σαν να ήταν βγαλμένο από καρτ ποστάλ. Πήρα μια βαθιά ανάσα και εισέπνευσα τον καθαρό αέρα της θάλασσας. Θα ήταν άλλη μια **όμορφη** μέρα στον παράδεισο. Γύρισα μέσα και ντύθηκα για το πρωινό. Είχα κάνει κράτηση σε ένα από τα πιο δημοφιλή εστιατόρια του νησιού, γι' αυτό ήθελα να δείχνω τον καλύτερό μου εαυτό. Όταν έφτασα, υπήρχε ήδη μια μεγάλη ουρά απ' έξω που περίμενε να μπει. Αλλά ευτυχώς, η **κράτησή** μου σήμαινε ότι μπορούσα να παρακάμψω όλα αυτά και να πάω κατευθείαν στο τραπέζι μου. Μόλις κάθισα, οι **σερβιτόροι** άρχισαν να φέρνουν πιατέλες με φαγητό - αυγά μαγειρεμένα με κάθε τρόπο που μπορεί να φανταστεί κανείς, μπέικον, λουκάνικα, τηγανίτες **που έσταζαν** σιρόπι και πολλά άλλα! Το στόμα μου άρχισε να τρέχει και μόνο που τα έβλεπα όλα αυτά! Και φυσικά, κανένα γεύμα στην Ελλάδα δεν θα ήταν πλήρες χωρίς φέτα και **ελιές** στο πλάι.

Έφαγα μέχρι να χορτάσω, και μετά έγειρα στην καρέκλα

Une journée à Mykonos

Le soleil dépassait à peine l'horizon lorsque je suis sorti sur le balcon de ma villa. La vue était à couper le souffle, comme toujours à Mykonos. L'océan étincelant, les **plages de** sable blanc et les maisons colorées qui parsèment le paysage s'unissent pour créer une scène digne d'une carte postale. J'ai pris une profonde inspiration et respiré l'air frais de la mer. Cela allait être une autre **belle** journée au paradis. Je suis retourné à l'intérieur et me suis habillé pour le petit-déjeuner. J'avais réservé dans l'un des restaurants les plus populaires de l'île, alors je voulais être au mieux de ma forme. Quand je suis arrivée, il y avait déjà une longue file d'attente dehors pour entrer. Mais heureusement, grâce à ma **réservation**, j'ai pu éviter tout cela et me rendre directement à ma table. Dès que je me suis assise, les **serveurs ont** commencé à apporter des plateaux de nourriture - des œufs cuits de toutes les manières imaginables, du bacon, des saucisses, des crêpes **dégoulinantes** de sirop, et bien d'autres choses encore ! J'en avais l'eau à la bouche rien qu'en regardant tout ça ! Et bien sûr, aucun repas en Grèce ne serait complet sans un peu de feta et d'**olives** à côté.

J'ai mangé jusqu'à ce que je sois complètement

μου με έναν ικανοποιημένο αναστεναγμό. Εκείνη τη στιγμή, **παρατήρησα** κάποιον που περνούσε και μου φαινόταν γνωστός. Μου πήρε μια στιγμή να τους εντοπίσω, αλλά μετά θυμήθηκα ότι ήταν ηθοποιοί από το Χόλιγουντ. Μου έγνεψε ευγενικά καθώς περνούσε, και έκανα το ίδιο πριν γυρίσω πίσω για να απολαύσω το υπόλοιπο γεύμα μου. Μετά το πρωινό, αποφάσισα να περιπλανηθώ **στην** πόλη και να κάνω μερικά ψώνια. Οι δρόμοι ήταν ήδη γεμάτοι από κόσμο, τόσο ντόπιους όσο και τουρίστες. Τα καταστήματα εδώ είναι τόσο μοναδικά, και πάντα υπάρχει κάτι καινούργιο να ανακαλύψεις. Πρέπει να **πέρασα** ώρες περιηγούμενη σε όλα τα διαφορετικά καταστήματα προτού τελικά επιστρέψω στη βίλα μου. Καθώς περπατούσα, δεν μπορούσα παρά να παρατηρήσω πόσοι όμορφοι άνθρωποι υπήρχαν στη Μύκονο. Φαίνεται ότι όπου κι αν γυρίσεις, υπάρχει **κάποιος** που μοιάζει σαν να βγήκε από διαφήμιση περιοδικού. Ακόμα και οι ηλικιωμένοι εδώ φαίνεται να έχουν γεράσει με χάρη, χωρίς ούτε μια **ρυτίδα**! Είχα αρχίσει να πεινάω και πάλι λίγο, οπότε αποφάσισα να σταματήσω σε ένα από τα καφέ για μια γρήγορη μπουκιά πριν πάω σπίτι για φαγητό. Καθώς περίμενα την παραγγελία μου, παρακολουθούσα τον κόσμο από τη θέση μου έξω. Υπήρχε ένα ενδιαφέρον μείγμα ανθρώπων που περνούσαν από εκεί - νεαροί χίπηδες, **πλούσιοι** κοσμικοί, οικογένειες σε διακοπές κ.λπ. Είναι πραγματικά ένα χωνευτήρι εδώ σε αυτό το παραδεισένιο νησί.

rassasié, puis je me suis adossé à ma chaise avec un soupir de satisfaction. À ce moment-là, j'ai **remarqué que** quelqu'un qui me semblait familier passait par là. Il m'a fallu un moment pour les situer, puis je me suis souvenu qu'il s'agissait d'acteurs d'Hollywood. Il m'a salué poliment en passant, et j'ai fait de même avant de me retourner pour savourer le reste de mon repas. Après le petit-déjeuner, j'ai décidé de me promener **en ville** et de faire quelques achats. Les rues étaient déjà bondées de gens, aussi bien des locaux que des touristes. Les magasins ici sont tellement uniques, et il y a toujours quelque chose de nouveau à découvrir. J'ai dû **passer** des heures à parcourir les différents magasins avant de rentrer à ma villa. En marchant, je n'ai pu m'empêcher de remarquer combien il y avait de belles personnes à Mykonos. Il semble que partout où vous vous tournez, il y a **quelqu'un** qui a l'air de sortir d'une publicité de magazine. Même les personnes âgées semblent avoir vieilli avec grâce, sans une **ride** en vue ! Je commençais à avoir un peu faim, alors j'ai décidé de m'arrêter dans un des cafés pour manger un morceau avant de rentrer chez moi pour le déjeuner. Pendant que j'attendais ma commande, je regardais les gens depuis mon siège à l'extérieur. Il y avait un mélange intéressant de gens qui passaient par là : jeunes hippies, **riches** mondains, familles en vacances, etc. C'est vraiment un melting-pot ici, sur cette île paradisiaque.

Ερωτήσεις κατανόησης

1. Πού βρίσκεται ο αφηγητής όταν βγαίνει για πρώτη φορά από τη βίλα του;

2. Ποια χρώματα είναι εμφανή στη θέα από τη βίλα του αφηγητή;

3. Τι κάνει ο αφηγητής μετά το πρωινό;

4. Τι είδους ανθρώπους βλέπει ο αφηγητής την ώρα που παρακολουθεί τον κόσμο;

5. Τι είδους φαγητό τρώει ο αφηγητής για μεσημεριανό γεύμα;

6. Πώς αισθάνεται ο αφηγητής μετά το γεύμα;

7. Τι κάνει ο αφηγητής όταν φτάνουν στην παραλία;

8. Πώς είναι ο ωκεανός όπου κολυμπάει ο αφηγητής;

9. Τι είδους πουλιά βλέπει ο αφηγητής ενώ κολυμπούν;

10. Πώς αισθάνεται ο αφηγητής όταν ξαπλώνει στην πετσέτα του;

Questions de compréhension

1. Où se trouve le narrateur lorsqu'il sort pour la première fois de sa villa ?

2. Quelles sont les couleurs dominantes dans la vue de la villa du narrateur ?

3. Que fait le narrateur après le petit-déjeuner ?

4. Quel genre de personnes le narrateur voit-il pendant qu'il observe les gens ?

5. Quel genre de nourriture le narrateur prend-il pour le déjeuner ?

6. Comment le narrateur se sent-il après le déjeuner ?

7. Que fait le narrateur lorsqu'ils arrivent à la plage ?

8. A quoi ressemble l'océan où le narrateur se baigne ?

9. Quel genre d'oiseaux le narrateur voit-il pendant qu'ils nagent ?

10. Que ressent le narrateur lorsqu'il est allongé sur sa serviette ?

Ηλιοβασιλέματα της Σαντορίνης

Ο ήλιος έδυε στον ορίζοντα, βάφοντας τον ουρανό σε ένα φάσμα πορτοκαλί, ροζ και μοβ χρωμάτων. Τα κύματα **χτυπούσαν στα** βράχια, στέλνοντας έναν ψεκασμό αλμυρού νερού. Τα ηλιοβασιλέματα της Σαντορίνης ήταν από τα πιο όμορφα στον πλανήτη, και είχα την τύχη να τα παρακολουθήσω. Κατέβηκα στην παραλία, θαυμάζοντας τον τρόπο με τον οποίο το φως χόρευε πάνω στο νερό. Έμοιαζε σαν να είχαν διασκορπιστεί εκατομμύρια **διαμάντια στην** επιφάνειά του. Κάθισα στην άμμο και παρακολούθησα τον ήλιο να **χάνεται** αργά πίσω από τον ορίζοντα, αφήνοντας πίσω του ένα ίχνος από φλογερά κόκκινα και πορτοκαλί χρώματα. Καθώς άρχισε να πέφτει η νύχτα, σηκώθηκα και επέστρεψα στο δωμάτιο του ξενοδοχείου μου. Αύριο θα ήταν μια άλλη μέρα γεμάτη περιπέτεια - αλλά προς το παρόν, ήθελα να απολαύσω αυτό το **σπουδαίο** ηλιοβασίλεμα. Ξύπνησα νωρίς το επόμενο πρωί, ανυπόμονος να εξερευνήσω τα ηλιοβασιλέματα της Σαντορίνης. Είχα ακούσει τόσα πολλά γι' αυτό και επιτέλους ήμουν εδώ. Μετά το **πρωινό**, κατέβηκα ξανά στην παραλία και άρχισα να εξερευνώ τα βράχια. Η θέα από εδώ πάνω ήταν ακόμη πιο μαγευτική από ό,τι από κάτω.

Couchers de soleil à Santorin

Le soleil se couchait à l'horizon, peignant le ciel d'un spectre d'oranges, de roses et de violets. Les vagues s'écrasaient **contre les** falaises, envoyant une gerbe d'eau salée. Les couchers de soleil de Santorin sont parmi les plus beaux de la planète, et j'ai eu la chance d'en être témoin. J'ai marché jusqu'à la plage, admirant la façon dont la lumière dansait sur l'eau. On aurait dit qu'un million de **diamants avaient** été dispersés à sa surface. Je me suis assise sur le sable et j'ai regardé le soleil **disparaître** lentement derrière l'horizon, laissant derrière lui une traînée de rouges et d'oranges ardents. Comme la nuit commençait à tomber, je me suis levé et j'ai regagné ma chambre d'hôtel. Demain serait une autre journée pleine d'aventures, mais pour l'instant, je voulais profiter de ce coucher de soleil **mémorable**. Je me suis réveillé tôt le lendemain matin, impatient de découvrir les couchers de soleil de Santorin. J'en avais tellement entendu parler et j'étais enfin là. Après le **petit-déjeuner**, je suis retourné sur la plage et j'ai commencé à explorer les falaises. La vue de là-haut était encore plus époustouflante que celle d'en bas.

J'ai passé des heures à me promener, à profiter de la

Πέρασα ώρες περπατώντας, απολαμβάνοντας τα αξιοθέατα και τους ήχους αυτού του μαγικού τόπου. Καθώς η μέρα άρχισε να τελειώνει, επέστρεψα στην **παραλία για** μια τελευταία φορά. Ήθελα να παρακολουθήσω το **ηλιοβασίλεμα** άλλη μια φορά πριν αφήσω πίσω μου αυτόν τον παράδεισο. Για άλλη μια φορά, κάθισα στην άμμο και παρακολούθησα τη νύχτα να πέφτει αργά πάνω από τα ηλιοβασιλέματα της Σαντορίνης. Τα αστέρια είχαν βγει σε πλήρη ισχύ απόψε, λαμπυρίζοντας έντονα στο φόντο ενός καθαρού ουρανού. Ήταν πραγματικά ένα αξιοθέατο που δεν θα ξεχάσω ποτέ. " Το επόμενο πρωί, μάζεψα τις βαλίτσες μου και έφυγα από το δωμάτιο του ξενοδοχείου μου. Ήταν καιρός να επιστρέψω στο σπίτι μου - αλλά ήξερα ότι θα επέστρεφα. Τα ηλιοβασιλέματα της Σαντορίνης είχαν κλέψει την καρδιά μου και ήξερα ότι θα **ονειρευόμουν** αυτό το μέρος για τα επόμενα χρόνια. Καθώς το αεροπλάνο απογειωνόταν, παρακολουθούσα το νησί να χάνεται αργά στο βάθος. Αλλά ακόμη και από εδώ ψηλά, μπορούσα να δω την ομορφιά των ηλιοβασιλέματος της Σαντορίνης. Ήταν ένα **μέρος** που θα είχε πάντα μια ξεχωριστή θέση στην καρδιά μου. "

vue et des sons de cet endroit magique. Alors que la journée commençait à se terminer, je suis retournée sur la **plage** une dernière fois. Je voulais regarder le **coucher de soleil** une dernière fois avant de quitter ce paradis. Une fois encore, je me suis assis sur le sable et j'ai regardé la nuit tomber lentement sur les couchers de soleil de Santorin. Les étoiles étaient présentes en force ce soir, scintillant avec un ciel clair en toile de fond. C'était vraiment un spectacle à voir, un spectacle que je n'oublierais jamais. "Le lendemain matin, j'ai fait mes bagages et quitté ma chambre d'hôtel. Il était temps de rentrer chez moi, mais je savais que je reviendrais. Les couchers de soleil de Santorin avaient volé mon cœur et je savais que je **rêverais** de cet endroit pour les années à venir. Alors que l'avion décollait, j'ai regardé l'île disparaître lentement au loin. Mais même de là-haut, je pouvais encore voir la beauté des couchers de soleil de Santorin. C'était un **endroit qui aurait** toujours une place spéciale dans mon cœur. "

Ερωτήσεις κατανόησης

1. Ποια χρώματα υπήρχαν στον ουρανό κατά τη διάρκεια του ηλιοβασιλέματος;

2. Με τι συγκρίνει ο συγγραφέας τα κύματα;

3. Τι λέει ο συγγραφέας για τα ηλιοβασιλέματα της Σαντορίνης;

4. Από πού παρακολούθησε ο συγγραφέας το ηλιοβασίλεμα;

5. Τι ώρα της ημέρας ο συγγραφέας παρακολούθησε το ηλιοβασίλεμα;

6. Τι έκανε ο συγγραφέας αφού παρακολούθησε το ηλιοβασίλεμα;

7. Τι έκανε ο συγγραφέας την επόμενη μέρα;

8. Τι πιστεύει ο συγγραφέας για τα ηλιοβασιλέματα της Σαντορίνης;

Questions de compréhension

1. Quelles étaient les couleurs du ciel pendant le coucher du soleil ?

2. À quoi l'auteur compare-t-il les vagues ?

3. Que dit l'auteur à propos des couchers de soleil à Santorin ?

4. D'où l'auteur a-t-il regardé le coucher de soleil ?

5. À quel moment de la journée l'auteur a-t-il observé le coucher du soleil ?

6. Qu'a fait l'auteur après avoir regardé le coucher du soleil ?

7. Qu'a fait l'auteur le lendemain ?

8. Que pense l'auteur des couchers de soleil à Santorin ?

Ο Παρθενώνας τη νύχτα

Ο Παρθενώνας τη νύχτα είναι ένα αξιοθέατο. Ο αρχαίος ελληνικός ναός **φωτίζεται από το** φως της πανσελήνου και ρίχνει μια απόκοσμη λάμψη πάνω από τα ερείπια. Είναι σαν να έχει σταματήσει ο χρόνος και μπορείτε σχεδόν να φανταστείτε τα φαντάσματα των αρχαίων Ελλήνων να περπατούν ανάμεσα στους κίονες. Πλησιάζετε το ναό **προσεκτικά**, μισοπεριμένοντας ότι κάτι θα σας πεταχτεί από τις **σκιές**. Αλλά όλα είναι ήσυχα, εκτός από τον ήχο των δικών σας βημάτων που αντηχούν στο πέτρινο δάπεδο. Καθώς εισέρχεστε στην κύρια αίθουσα, εντυπωσιάζεστε από το μέγεθος και το μεγαλείο της. Δεν μπορείτε παρά να νιώσετε ένα αίσθημα ευλάβειας γι' αυτό το μέρος, παρά την τρέχουσα κατάσταση **αποσύνθεσής του**. Περιπλανιέστε για λίγο, απολαμβάνοντας όλες τις **λεπτομέρειες** αυτού του απίστευτου οικοδομήματος. Τελικά, επιστρέφετε έξω και κάθεστε σε ένα από τα σκαλοπάτια για να απολαύσετε τη θέα για λίγο **ακόμα** πριν επιστρέψετε στο σπίτι σας. "

Καθώς κάθεστε εκεί και κοιτάτε τον Παρθενώνα, δεν μπορείτε παρά να **αναρωτηθείτε** πώς πρέπει να ήταν στην ακμή του. Τι είδους γεγονότα λάμβαναν χώρα εδώ;

Le Parthénon la nuit

Le Parthénon de nuit est un spectacle à voir. L'ancien temple grec est **illuminé par la** lumière de la pleine lune, qui jette une lueur étrange sur les ruines. C'est comme si le temps s'était arrêté et vous pouvez presque imaginer les fantômes des anciens Grecs marchant parmi les colonnes. Vous vous approchez du temple **avec précaution**, vous attendant à moitié à ce que quelque chose surgisse de l'**ombre**. Mais tout est calme, à l'exception du son de vos propres pas qui résonnent sur le sol de pierre. Lorsque vous pénétrez dans la chambre principale, vous êtes impressionné par sa taille et sa grandeur. Vous ne pouvez vous empêcher de ressentir une certaine révérence pour cet endroit, malgré son état de **délabrement** actuel. Vous vous promenez pendant un certain temps, en prenant tous les **détails** de cette incroyable structure. Finalement, vous retournez dehors et vous vous asseyez sur l'une des marches pour profiter de la vue un peu **plus longtemps** avant de rentrer chez vous. "

En regardant le Parthénon, on ne peut s'empêcher de **se demander** comment il était à son apogée. Quel genre d'événements s'y déroulaient ? Qui étaient les

Ποιοι ήταν οι άνθρωποι που λάτρευαν σε αυτόν τον ναό; Σηκώνεστε και περπατάτε προς την άλλη πλευρά του **κτιρίου**, όπου βλέπετε μια μικρή πόρτα **που οδηγεί** σε έναν από τους θαλάμους. Διστάζετε για μια στιγμή, χωρίς να είστε σίγουροι αν πρέπει να μπείτε μέσα. Αλλά στη συνέχεια η περιέργεια σε κυριεύει και μπαίνεις μέσα στο σκοτάδι. Μόλις τα μάτια σας προσαρμοστούν στην έλλειψη φωτός, αρχίζετε να διακρίνετε κάποια αμυδρά σημάδια στους τοίχους. Καθώς πλησιάζετε, συνειδητοποιείτε ότι βλέπετε αρχαία ελληνικά **γραπτά**! Δεν μπορείτε να πιστέψετε ότι **στέκεστε** μπροστά σε ένα πραγματικό ιστορικό τεχνούργημα. Περνάτε τις επόμενες ώρες εξερευνώντας τους υπόλοιπους θαλάμους, θαυμάζοντας όλες τις αρχαίες γραφές και τα γλυπτά. Είναι σαν να έχετε **μεταφερθεί** πίσω στο χρόνο!

Καθώς ο ήλιος αρχίζει να ανατέλλει, ξέρετε ότι ήρθε η ώρα να φύγετε. Αλλά δεν μπορείς να μην αισθανθείς μια μικρή θλίψη καθώς φεύγεις από αυτό το μέρος. **Υπόσχεσαι** στον εαυτό σου ότι θα επιστρέψεις και θα εξερευνήσεις περισσότερο κάποια άλλη μέρα. Καθώς απομακρύνεστε από τον **Παρθενώνα,** δεν μπορείτε παρά να νιώσετε μια αίσθηση θαυμασμού για όλα όσα είδατε. Είναι σαν αυτό το μέρος να έχει **παγώσει** στο χρόνο και νιώθετε τυχεροί που το ζήσατε από πρώτο χέρι. Δεν θα ξεχάσετε ποτέ την αίσθηση του να στέκεστε μέσα σε αυτούς τους αρχαίους θαλάμους, περιτριγυρισμένοι από την ιστορία.

personnes qui pratiquaient le culte dans ce temple ?
Vous vous levez et vous vous dirigez vers l'autre côté
du **bâtiment**, où vous voyez une petite porte **menant**
à l'une des chambres. Vous hésitez un moment, ne
sachant pas si vous devez entrer. Mais la curiosité
prend le dessus et vous pénétrez dans l'obscurité.
Une fois que vos yeux se sont adaptés à l'absence
de lumière, vous commencez à distinguer de légères
marques sur les murs. En vous rapprochant, vous
réalisez que vous êtes en présence d'**écritures**
grecques anciennes ! Vous n'arrivez pas à croire
que vous **vous trouvez devant** un véritable artefact
historique. Vous passez les heures suivantes à explorer
le reste des chambres, en vous émerveillant de toutes
les écritures et sculptures anciennes. C'est comme si
vous aviez été **transporté** dans le temps !

Alors que le soleil commence à se lever, vous savez
qu'il est temps de partir. Mais vous ne pouvez vous
empêcher de vous sentir un peu triste en quittant cet
endroit. Vous vous **promettez de** revenir et d'explorer
un peu plus un autre jour. Alors que vous vous éloignez
du **Parthénon**, vous ne pouvez vous empêcher de
vous émerveiller de tout ce que vous avez vu. C'est
comme si cet endroit avait été **figé** dans le temps, et
vous vous sentez chanceux d'en avoir fait l'expérience
directe. Vous n'oublierez jamais la sensation de vous
tenir à l'intérieur de ces chambres antiques, entouré par
l'histoire.

Ερωτήσεις κατανόησης

1. Πώς είναι ο Παρθενώνας τη νύχτα;

2. Από τι είναι φτιαγμένος ο Παρθενώνας;

3. Πόσο παλιός είναι ο Παρθενώνας;

4. Για ποιο σκοπό χρησιμοποιούνταν ο Παρθενώνας στην αρχαιότητα;

5. Ποιος έχτισε τον Παρθενώνα;

6. Πόσες στήλες υπάρχουν στον Παρθενώνα;

7. Ποια είναι η σημασία του Παρθενώνα;

8. Τι αντιπροσωπεύει ο Παρθενώνας για τους Έλληνες;

9. Πώς διατηρήθηκε ο Παρθενώνας με την πάροδο των χρόνων;

10. Ποιο είναι το μέλλον του Παρθενώνα;

Questions de compréhension

1. A quoi ressemble le Parthénon la nuit ?

2. De quoi est fait le Parthénon ?

3. Quel âge a le Parthénon ?

4. A quoi servait le Parthénon dans l'Antiquité ?

5. Qui a construit le Parthénon ?

6. Combien y a-t-il de colonnes dans le Parthénon ?

7. Quelle est la signification du Parthénon ?

8. Que représente le Parthénon pour le peuple grec ?

9. Comment le Parthénon a-t-il été préservé au fil des ans ?

10. Quel est l'avenir du Parthénon ?

Δρόμοι της Ρόδου

Οι δρόμοι της Ρόδου είναι πάντα πολυσύχναστοι. Δεν υπάρχει στιγμή που να μην συμβαίνει κάτι. **Είτε** πρόκειται για ανθρώπους που περπατούν, είτε για αυτοκίνητα που κορνάρουν, είτε για τον **ήχο** της μουσικής που ακούγεται από ένα από τα πολλά καφέ, οι δρόμοι είναι πάντα ζωντανοί από δραστηριότητα. **Θυμάμαι** μια φορά που περπατούσα στο δρόμο και είδα μια γυναίκα που έμοιαζε σαν να ήταν έτοιμη να λιποθυμήσει. Έτρεξα προς το μέρος της και τη βοήθησα σε ένα παγκάκι όπου μπορούσε να καθίσει. Τη ρώτησα αν ήταν καλά και μου είπε ότι **ήθελε** μόνο λίγο νερό. Ποτέ δεν ξέρεις τι θα δεις ή ποιον θα συναντήσεις. Αυτό είναι ένα μέρος αυτού που το κάνει τόσο **συναρπαστικό**! Καθώς περπατούσα στο δρόμο, δεν μπορούσα παρά να παρατηρήσω όλους τους ανθρώπους. Υπήρχαν τόσοι πολλοί **διαφορετικοί τύποι ανθρώπων**, από όλα τα κοινωνικά στρώματα. Ήταν εκπληκτικό να βλέπεις μια τόσο διαφορετική ομάδα ανθρώπων σε ένα μέρος.

Ξαφνικά, άκουσα κάποιον **να φωνάζει** το όνομά μου. **Γύρισα** και είδα τον φίλο μου να με χαιρετάει από την απέναντι πλευρά του δρόμου. Είχαμε κανονίσει να συναντηθούμε και να φάμε μαζί. Καθώς διέσχιζα τον πολυσύχναστο δρόμο, δεν μπορούσα

Les rues de Rhodes

Les rues de Rhodes sont toujours animées. Il n'y a jamais un moment où il ne se passe pas quelque chose. **Que ce soit les** gens qui passent, les voitures qui klaxonnent ou le **son** de la musique provenant d'un des nombreux cafés, les rues sont toujours animées. Je **me souviens qu'**une fois, je marchais dans la rue et j'ai vu une femme qui semblait sur le point de s'évanouir. Je me suis précipitée vers elle et l'ai aidée à s'asseoir sur un banc. Je lui ai demandé si elle allait bien, et elle m'a répondu qu'elle avait juste **besoin d'**un peu d'eau. On ne sait jamais ce que l'on va voir ou qui l'on va rencontrer. C'est ce qui rend le voyage si **excitant** ! En marchant dans la rue, je n'ai pas pu m'empêcher de remarquer toutes ces personnes. Il y avait tellement de types de personnes **différentes**, de tous les horizons. C'était incroyable de voir un groupe de personnes aussi diverses en un seul endroit.

Soudain, j'ai entendu quelqu'un **crier** mon nom. Je **me suis retournée** et j'ai vu mon amie qui me faisait signe de l'autre côté de la rue. Nous avions prévu de nous retrouver pour déjeuner ensemble. En traversant la rue animée, je ne pouvais m'empêcher de me demander quelles autres **aventures** la journée me réservait. Nous avons **décidé de nous** arrêter dans un café pour

παρά να αναρωτηθώ τι άλλες **περιπέτειες** θα μου επιφύλασσε η μέρα. **Αποφασίσαμε** να σταματήσουμε σε μια καφετέρια για μεσημεριανό γεύμα, και καθώς περιμέναμε το φαγητό μας, είδαμε μια γυναίκα που έμοιαζε σαν να ήταν έτοιμη να λιποθυμήσει. Τρέξαμε προς το μέρος της και τη βοηθήσαμε σε ένα παγκάκι όπου μπορούσε να καθίσει. Τη ρωτήσαμε αν ήταν καλά και μας είπε ότι **ήθελε** μόνο λίγο νερό. Πήγαμε να της φέρουμε λίγο νερό από μια κοντινή καφετέρια, και όταν επιστρέψαμε, είχε φύγει. Μόνο αργότερα συνειδητοποιήσαμε ότι την είχαν κλέψει από πορτοφόλι όσο εμείς λείπαμε. Μετά το γεύμα, αποφασίσαμε να περπατήσουμε για λίγο στο κέντρο της πόλης. Καθώς **περπατούσαμε**, ο φίλος μου μας έδειξε όλα τα διαφορετικά είδη καταστημάτων που υπήρχαν. Υπήρχαν τόσα πολλά διαφορετικά είδη καταστημάτων! Από καταστήματα με ρούχα μέχρι καταστήματα με **σουβενίρ, υπήρχε** κάτι για **όλους στο** κέντρο της πόλης. Τελικά, επιστρέψαμε προς τους δρόμους όπου γινόταν όλη η δραστηριότητα. Όπως πάντα, δεν υπήρχε στιγμή που να μην συμβαίνει κάτι!

déjeuner, et alors que nous attendions notre repas, nous avons vu une femme qui semblait sur le point de s'évanouir. Nous nous sommes précipités vers elle et l'avons aidée à s'asseoir sur un banc. Nous lui avons demandé si elle allait bien, et elle a répondu qu'elle avait juste **besoin d'eau**. Nous sommes allés lui chercher de l'eau dans un café voisin, et quand nous sommes revenus, elle était partie. Ce n'est que plus tard que nous avons compris qu'elle avait été victime d'un pickpocket pendant notre absence. Après le déjeuner, nous avons décidé de nous promener un peu dans le centre-ville. Pendant que nous **marchions**, mon amie nous a fait remarquer tous les différents types de magasins qu'il y avait. Il y avait tellement de magasins différents ! Des magasins de vêtements aux magasins de **souvenirs**, il y en avait pour **tous les goûts** dans le centre ville. Finalement, nous sommes retournés dans les rues où se déroulait toute l'activité. Comme toujours, il n'y avait jamais un moment où il ne se passait rien !

Ερωτήσεις κατανόησης

1. Τι λέει ο συγγραφέας ότι συμβαίνει πάντα στους δρόμους της Ρόδου;

2. Τι έκανε ο συγγραφέας όταν είδε μια γυναίκα που έμοιαζε να είναι έτοιμη να λιποθυμήσει;

3. Ποια ήταν η γνώμη του συγγραφέα για την ποικιλόμορφη ομάδα ανθρώπων που είδαν στην πόλη;

4. Τι συνέβη όταν ο συγγραφέας και ο φίλος τους πήγαν να φέρουν νερό για τη γυναίκα
ποιος ήταν έτοιμος να λιποθυμήσει;

5. Τι έκαναν ο συγγραφέας και ο φίλος τους μετά το γεύμα;

6. Ποια ήταν η αντίδραση του συγγραφέα στους ζητιάνους που είδαν στο δρόμο;

7. Τι είπε η φίλη του συγγραφέα ότι θα ήθελε να μπορούσε να κάνει για ανθρώπους σαν τον Αχμέντ;

8. Τι είναι το "The Street Project";

9. Τι κάνει το έργο;

Questions de compréhension

1. D'après l'auteur, que se passe-t-il toujours dans les rues de Rhodes ?

2. Qu'ont fait les auteurs lorsqu'ils ont vu une femme qui semblait sur le point de s'évanouir ?

3. Que pense l'auteur de la diversité des personnes qu'il a vues dans la ville ?

4. Que s'est-il passé lorsque l'auteur et son ami sont allés chercher de l'eau pour la femme
qui était sur le point de s'évanouir ?

5. Qu'ont fait l'auteur et son ami après le déjeuner ?

6. Quelle a été la réaction de l'auteur face aux mendiants qu'ils ont vus dans la rue ?

7. Qu'est-ce que l'amie de l'auteur a dit qu'elle aimerait pouvoir faire pour les gens comme Ahmed ?

8. Qu'est-ce que le "Projet Rue" ?

9. Que fait le projet ?

Ένα γεύμα στην Κρήτη

Ο ήλιος μόλις είχε αρχίσει να ξεπροβάλλει από τον ορίζοντα, αλλά **ήδη** η ζέστη ήταν έντονη. Ένιωθα τον ιδρώτα να τρέχει στην πλάτη μου καθώς περνούσα μέσα από τα στενά δρομάκια του Ηρακλείου, **κατευθυνόμενος** προς ένα από τα αγαπημένα μου μέρη σε όλη την **Κρήτη** - το The Kitchen. Αυτό το μικρό εστιατόριο ήταν πάντα γεμάτο, όποια ώρα της ημέρας ή της νύχτας κι αν ήταν. Αλλά αυτό δεν με απέτρεψε από το να προσπαθώ να πιάσω τραπέζι με κάθε ευκαιρία. Το φαγητό εδώ δεν έμοιαζε με οτιδήποτε άλλο είχα δοκιμάσει ποτέ πριν - φρέσκο, γευστικό και απολύτως νόστιμο. έφτασα στο The Kitchen μόλις άνοιξε για δουλειά και γρήγορα εξασφάλισα μια θέση στην ουρά. Μέσα σε **λίγα λεπτά**, κάθισα σε ένα μικρό τραπέζι κοντά στο **παράθυρο** και περίμενα με ανυπομονησία το γεύμα μου.

Η **σερβιτόρα** έφτασε λίγο μετά από μένα, κουβαλώντας έναν μεγάλο δίσκο με φαγητό. **Τοποθέτησε** μπροστά μου ένα γεμάτο πιάτο με μουσακά, μαζί με ελληνική σαλάτα και πίτα. Ανυπομονούσα να φάω. Και το έκανα. Ο μουσακάς ήταν τόσο καλός όσο πάντα - το τέλειο μείγμα μπαχαρικών και γεύσεων. Οι πατάτες ήταν τέλεια

Un repas en Crète

Le soleil commençait à peine à percer l'horizon, mais la chaleur était **déjà** intense. Je pouvais sentir la sueur couler le long de mon dos alors que je me frayais un chemin dans les rues étroites d'Héraklion, en **direction** de l'un de mes endroits préférés en **Crète** - The Kitchen. Mais cela ne m'a pas empêché d'essayer d'obtenir une table chaque fois que je le pouvais. La nourriture ici ne ressemblait à rien de ce que j'avais pu goûter auparavant - fraîche, savoureuse et absolument délicieuse.Je suis arrivé à The Kitchen juste au moment où ils ouvraient leurs portes et j'ai rapidement fait la queue. En **quelques minutes,** j'étais assis à une petite table près de la **fenêtre** et j'attendais mon repas avec impatience.

La **serveuse** est arrivée peu après moi, portant un grand plateau de nourriture. Elle a **placé** un grand plat de moussaka devant moi, ainsi qu'une salade grecque et du pain pita. J'avais hâte de m'y mettre. Et je l'ai fait. La moussaka était aussi bonne que d'habitude - le mélange parfait d'épices et de saveurs. Les pommes de terre étaient parfaitement cuites, et le bœuf haché était juteux et savoureux. Mais c'est l'**aubergine** qui

ψημένες και ο κιμάς ήταν ζουμερός και γευστικός. Αλλά ήταν η **μελιτζάνα** που πραγματικά ξεχώρισα αυτή τη φορά - ήταν τόσο τρυφερή και **κρεμώδης**, που σχεδόν έλιωνε στο στόμα μου. Καθώς τελείωνα το γεύμα μου, δεν μπορούσα να μην παρατηρήσω την **αναστάτωση που επικρατούσε** έξω. Μια μεγάλη ομάδα ανθρώπων είχε συγκεντρωθεί στο δρόμο και φώναζε κάτι στα ελληνικά. Δεν μπορούσα να καταλάβω τι έλεγαν, αλλά ακουγόταν σαν να ήταν θυμωμένοι για κάτι.

Η σερβιτόρα ήρθε στο τραπέζι μου και μου **εξήγησε ότι γινόταν** μια διαμαρτυρία - κάποιοι από τους ντόπιους ήταν αναστατωμένοι με την εισροή τουριστών τα τελευταία χρόνια. Πίστευαν ότι πάρα πολλοί άνθρωποι έρχονταν στην Κρήτη και κατέστρεφαν τον παραδοσιακό τρόπο ζωής της. Μπορούσα να καταλάβω την άποψή τους, αλλά την ίδια στιγμή, μου άρεσε να **εξερευνώ** νέα μέρη και να γνωρίζω νέους ανθρώπους. Αυτός ήταν ένας από τους λόγους για τους οποίους είχα έρθει στην Κρήτη εξ αρχής - για να **γνωρίσω** έναν διαφορετικό πολιτισμό και τρόπο ζωής. Αλλά φαινόταν ότι αυτοί οι διαδηλωτές δεν ήθελαν να έχει κανείς άλλος αυτή την ευκαιρία. Αφού πλήρωσα το λογαριασμό μου και αποχαιρέτησα τη σερβιτόρα, αποφάσισα να πάω να ελέγξω τη διαμαρτυρία. Ήθελα να δω τι ήταν όλη αυτή η φασαρία. Καθώς πλησίαζα, άκουγα ανθρώπους να φωνάζουν και να κρατούν πλακάτ που έγραφαν "Κρατήστε την Κρήτη **παραδοσιακή**" και "Όχι άλλοι τουρίστες".

m'a le plus marqué cette fois-ci : elle était si tendre et si **crémeuse** qu'elle a pratiquement fondu dans ma bouche. Alors que je terminais mon repas, je n'ai pas pu m'empêcher de remarquer l'**agitation qui régnait** à l'extérieur. Un grand groupe de personnes s'était rassemblé dans la rue et criait quelque chose en grec. Je n'ai pas pu comprendre ce qu'ils disaient, mais on aurait dit qu'ils étaient en colère contre quelque chose.

La serveuse s'est approchée de ma table et m'a **expliqué** qu'une manifestation était en cours. Certains habitants étaient mécontents de l'afflux de touristes ces dernières années. Ils pensaient que trop de gens venaient en Crète et ruinaient son mode de vie traditionnel. Je pouvais comprendre leur point de vue, mais en même temps, j'aimais **explorer de** nouveaux endroits et rencontrer de nouvelles personnes. C'était l'une des raisons pour lesquelles j'étais venu en Crète, pour **découvrir** une culture et un mode de vie différents. Mais il semblait que ces manifestants ne voulaient pas que quelqu'un d'autre ait cette opportunité. Après avoir payé mon addition et dit au revoir à la serveuse, j'ai décidé d'aller voir la manifestation. Je voulais voir pourquoi il y avait tant d'agitation. En m'approchant, j'ai entendu des gens chanter et porter des pancartes sur lesquelles on pouvait lire "Gardez la Crète **traditionnelle**" et "Plus de touristes".

Ερωτήσεις κατανόησης

1. Ποιο είναι το όνομα του εστιατορίου;

2. Τι ώρα της ημέρας ήταν όταν ο πρωταγωνιστής έφτασε στο εστιατόριο;

3. Ποιο ήταν το αγαπημένο πιάτο του πρωταγωνιστή;

4. Ποιο συνοδευτικό πιάτο συνοδεύει τον μουσακά;

5. Ποια ήταν η γνώμη του πρωταγωνιστή για τη μελιτζάνα στον μουσακά;

6. Ποια ήταν η φασαρία που παρατήρησε ο πρωταγωνιστής έξω από το εστιατόριο;

7. Τι διαμαρτύρονταν οι ντόπιοι;

8. Γιατί ο πρωταγωνιστής ήθελε να μιλήσει στους διαδηλωτές;

9. Ποια ήταν η γνώμη του πρωταγωνιστή για τους διαδηλωτές;

Questions de compréhension

1. Quel est le nom du restaurant ?

2. Quelle heure de la journée était-il lorsque le protagoniste est arrivé au restaurant ?

3. Quel était le plat préféré du protagoniste ?

4. Quel plat d'accompagnement accompagne la moussaka ?

5. Que pense le protagoniste de l'aubergine dans la moussaka ?

6. Quelle était l'agitation que le protagoniste a remarquée à l'extérieur du restaurant ?

7. Contre quoi les habitants protestaient-ils ?

8. Pourquoi le protagoniste voulait-il parler aux manifestants ?

9. Quelle était l'opinion du protagoniste sur les manifestants ?

Απόγευμα στην Ολυμπία

Ο ήλιος έβγαινε και ο ουρανός ήταν γαλάζιος καθώς **περπατούσα** στο δρόμο της Ολυμπίας. Ο αέρας ήταν ζεστός και ένα ελαφρύ αεράκι έπνεε στην πόλη. Μπορούσα να μυρίσω τη φρεσκάδα της **άνοιξης** στον αέρα. Ένιωθα ευτυχισμένη και ικανοποιημένη καθώς περπατούσα, απολαμβάνοντας όλα τα αξιοθέατα και τους ήχους αυτής της όμορφης πόλης. **Σταμάτησα σε** μια καφετέρια για μεσημεριανό γεύμα και κάθισα έξω για να απολαύσω το γεύμα μου. Καθώς έτρωγα, παρακολουθούσα τον κόσμο και απολάμβανα όλη τη φασαρία της ζωής της πόλης γύρω μου. Μετά το μεσημεριανό γεύμα, περιπλανήθηκα λίγο ακόμα, κάνοντας ψώνια στις βιτρίνες και απολαμβάνοντας την παρουσία μου σε εξωτερικούς χώρους σε μια τόσο όμορφη μέρα. **Τελικά**, άρχισε να γίνεται αργά το απόγευμα και ο ήλιος άρχισε να βυθίζεται χαμηλότερα στον ουρανό. Αποφάσισα να επιστρέψω στο σπίτι, αλλά όχι πριν **σταματήσω σε** ένα παγωτατζίδικο για μια μικρή λιχουδιά! Την επόμενη μέρα, ξύπνησα νωρίς και αποφάσισα να εξερευνήσω λίγο ακόμα την Ολυμπία. Περπάτησα μέχρι την προκυμαία και απόλαυσα τη θέα των βουνών στο βάθος. Στη συνέχεια **περιπλανήθηκα** σε μερικές από τις γειτονιές, θαυμάζοντας όλα τα

Après-midi à Olympie

Le soleil était là et le ciel était bleu alors que je **marchais dans la** rue à Olympia. L'air était chaud et il y avait une légère brise qui soufflait dans la ville. Je pouvais sentir la fraîcheur du **printemps** dans l'air. Je me sentais heureuse et satisfaite tandis que je me promenais, profitant de toutes les vues et de tous les sons de cette belle ville. Je **me suis arrêté** dans un café pour déjeuner et je me suis assis dehors pour profiter de mon repas. Tout en mangeant, j'ai observé les gens et apprécié l'agitation de la vie urbaine autour de moi. Après le déjeuner, j'ai flâné un peu plus, faisant du lèche-vitrine et profitant d'être à l'extérieur par une si belle journée. **Finalement,** la fin de l'après-midi est arrivée et le soleil a commencé à descendre plus bas dans le ciel. J'ai décidé de rentrer à la maison, mais pas avant de m'être **arrêtée** chez un glacier pour une petite gâterie ! Le lendemain, je me suis réveillée tôt et j'ai décidé d'explorer un peu plus Olympia. J'ai marché jusqu'au front de mer et j'ai profité de la vue sur les montagnes au loin. Puis je **me suis promenée** dans certains quartiers, admirant toutes les belles maisons anciennes.

όμορφα παλιά σπίτια.

Τελικά, επέστρεψα στο κέντρο της πόλης και έκανα μερικά ακόμα **ψώνια**. Αγόρασα μερικά **σουβενίρ** για τους φίλους μου στην πατρίδα πριν φάω κάτι σε ένα χαριτωμένο μικρό καφέ. Μετά το γεύμα, περπάτησα για λίγο ακόμα, απολαμβάνοντας τα πάντα, προτού επιστρέψω στο σπίτι μου. Πέρασα υπέροχα εξερευνώντας την Ολυμπία και ανυπομονώ να ξαναπάω σύντομα! Είμαι τόσο χαρούμενη που αποφάσισα να περάσω μερικές μέρες στην Ολυμπία! Είναι μια τόσο **όμορφη** και γοητευτική πόλη. Μου άρεσε πολύ να εξερευνώ όλες τις διαφορετικές **γειτονιές** και τα καταστήματα. Και το φαγητό ήταν **καταπληκτικό**! Νομίζω ότι το αγαπημένο μου μέρος στην Ολυμπία, όμως, είναι να κάθομαι στην προκυμαία και να βλέπω τις βάρκες να περνούν. Υπάρχει κάτι τόσο ειρηνικό σε αυτό. Σίγουρα θα μπορούσα να φανταστώ τον εαυτό μου να περνάει περισσότερο χρόνο εδώ στο μέλλον.

Ξύπνησα από τον ήχο των πουλιών **που κελαηδούσαν** έξω από το παράθυρό μου. Ο ήλιος μόλις ξεπρόβαλλε από τον ορίζοντα, ρίχνοντας μια ροζ και πορτοκαλί λάμψη στον ουρανό. Χασμουρήθηκα και τεντώθηκα πριν σηκωθώ από το κρεβάτι. Είχα άλλη μια γεμάτη μέρα εξερεύνησης της Ολυμπίας μπροστά μου! Μετά το **πρωινό**, ξεκίνησα και πάλι με τα πόδια, περιπλανώμενη Ο ήλιος είχε βγει και ο ουρανός ήταν γαλάζιος καθώς περπατούσα στο δρόμο της Ολυμπίας.

Finalement, je suis retournée au centre-ville pour faire un peu plus de **shopping**. J'ai acheté quelques **souvenirs** pour des amis à la maison avant de manger dans un joli petit café. Après le déjeuner, je me suis promenée un peu plus longtemps, en profitant de tout avant de rentrer à la maison. J'ai passé un moment merveilleux à explorer Olympia et j'ai hâte d'y retourner bientôt ! Je suis tellement heureuse d'avoir décidé de passer quelques jours à Olympia ! C'est une ville tellement **belle** et charmante. J'ai adoré explorer les différents **quartiers** et magasins. Et la nourriture est **incroyable** ! Mais ce que je préfère à Olympia, c'est m'asseoir au bord de l'eau et regarder les bateaux passer. Il y a quelque chose de si paisible là-dedans. Je me vois bien passer plus de temps ici à l'avenir.

Je me suis réveillé au son des oiseaux **qui gazouillaient** derrière ma fenêtre. Le soleil dépassait à peine l'horizon, projetant une lueur rose et orange dans le ciel. J'ai baillé et me suis étiré avant de sortir du lit. Une autre journée complète d'exploration de l'Olympia m'attendait ! Après le **petit-déjeuner**, je suis reparti à pied, errant Le soleil était sorti et le ciel était bleu alors que je marchais dans la rue à Olympia.

Ερωτήσεις κατανόησης

1. Τι εποχή του χρόνου αναφέρεται στο κείμενο;

2. Πώς ήταν ο καιρός;

3. Τι έκανε ο πρωταγωνιστής μετά το γεύμα;

4. Ποια ήταν η γνώμη του πρωταγωνιστή για την πόλη;

5. Ποιο ήταν το αγαπημένο μέρος της πόλης για τον πρωταγωνιστή;

6. Τι έκανε ο πρωταγωνιστής την επόμενη μέρα;

7. Τι έφαγε ο πρωταγωνιστής για πρωινό;

8. Ποιο ήταν το σχέδιο του πρωταγωνιστή για την ημέρα;

9. Τι σκέφτηκε ο πρωταγωνιστής για την πόλη τη δεύτερη μέρα;

Questions de compréhension

1. À quelle époque de l'année se trouve le texte ?

2. Quel temps faisait-il ?

3. Qu'a fait le protagoniste après le déjeuner ?

4. Que pense le protagoniste de la ville ?

5. Quelle était la partie de la ville que le protagoniste préférait ?

6. Qu'a fait le protagoniste le lendemain ?

7. Qu'a pris le protagoniste au petit-déjeuner ?

8. Quel était le plan du protagoniste pour la journée ?

9. Que pense le protagoniste de la ville le deuxième jour ?

Η Ακρόπολη

Ο ήλιος **έπεφτε** πάνω στα αρχαία ερείπια της Ακρόπολης, κάνοντας τους πέτρινους τοίχους να είναι καυτοί στην αφή. Ο αέρας ήταν ακίνητος και σκονισμένος, και δεν υπήρχε ψυχή στον ορίζοντα. Ένιωσα σαν να είχα γυρίσει πίσω στο χρόνο καθώς περιπλανιόμουν στους άδειους **δρόμους**, φανταζόμενος πώς πρέπει να ήταν όταν αυτό το μέρος ήταν γεμάτο ζωή. Σταμάτησα σε έναν από τους ναούς και ανέβηκα στην κορυφή των σκαλοπατιών του. Από εδώ, μπορούσα να δω για μίλια προς κάθε **κατεύθυνση**. Η θέα **έκοβε την ανάσα**, αλλά ήταν και παράξενα γαλήνια. Ένιωθα ωραία να περιβάλλομαι από ιστορία και να ξέρω ότι στεκόμουν σε ένα μέρος που είχε δει τόσα πολλά στο πέρασμα των αιώνων. Καθώς καθόμουν εκεί και τα απολάμβανα όλα αυτά, άκουσα έναν θόρυβο από κάτω μου. Ακουγόταν σαν κάποιος να έκλαιγε. Από περιέργεια, κατέβηκα από τη **θέση μου** και ακολούθησα τον ήχο μέχρι που έφτασα σε μια μικρή **εσοχή** όπου μια γυναίκα καθόταν στο έδαφος με το κεφάλι της στα χέρια. Κεφάλαιο 2

Η **γυναίκα** κοίταξε όταν πλησίασα και είδα ότι έκλαιγε. Τα μάτια της ήταν κόκκινα και πρησμένα και τα μάγουλά της ήταν βρεγμένα από τα δάκρυα. Έμοιαζε σαν να είχε περάσει πολλά τελευταία. "Είσαι καλά;" ρώτησα

L'Acropole

Le soleil **tape sur** les ruines antiques de l'Acropole, rendant les murs de pierre chauds au toucher. L'air était immobile et poussiéreux, et il n'y avait pas une âme en vue. J'avais l'impression d'avoir remonté le temps en déambulant dans les **rues** vides, en imaginant ce que cela devait être lorsque cet endroit était plein de vie. Je me suis arrêté à l'un des temples et suis monté en haut de ses marches. De là, je pouvais voir à des kilomètres dans toutes les **directions**. La vue était **à couper le souffle**, mais c'était aussi étrangement paisible. Cela faisait du bien d'être entouré d'histoire et de savoir que je me trouvais dans un endroit qui avait vu tant de choses au cours des siècles. Alors que j'étais assis là, j'ai entendu un bruit venant d'en dessous de moi. On aurait dit que quelqu'un pleurait. Curieux, je suis descendu de mon **perchoir** et j'ai suivi le bruit jusqu'à ce que j'arrive à une petite **alcôve** où une femme était assise sur le sol, la tête dans les mains. Chapitre 2

La **femme a** levé les yeux lorsque je me suis approché, et j'ai pu voir qu'elle pleurait. Ses yeux étaient rouges et gonflés, et ses joues étaient mouillées de larmes. Elle avait l'air d'avoir vécu beaucoup de choses ces derniers temps. "Tu vas bien ?" J'ai demandé doucement, ne sachant pas si je devais m'immiscer dans sa vie privée

απαλά, χωρίς να είμαι σίγουρος αν έπρεπε να εισβάλω στην ιδιωτική της ζωή ή όχι. Μύρισε και σκούπισε το πρόσωπό της με το **μανίκι του** φορέματός της. "Είμαι καλά", είπε, αλλά ήταν **προφανές** ότι δεν έλεγε την αλήθεια. "Απλώς... αυτό το μέρος είναι τόσο όμορφο, αλλά και τόσο θλιβερό". Έκανε μια χειρονομία στα ερείπια της Ακρόπολης γύρω μας. "Μου **θυμίζει** πως όλα καταρρέουν τελικά".

"Αλλά ακόμα κι αν τα πράγματα καταρρέουν, μπορούν επίσης να ξαναχτιστούν", είπα απαλά, σκεπτόμενος όλες τις φορές στη δική μου ζωή που τα πράγματα δεν είχαν πάει σύμφωνα με το σχέδιο, αλλά είχα καταφέρει να ξανασηκωθώ, **παρ' όλα αυτά**. "Αυτό το μέρος είναι μια **απόδειξη** γι' αυτό". Η **γυναίκα** έγνεψε αργά, δείχνοντας να παίρνει κατάκαρδα τα λόγια μου. "Έχεις δίκιο", είπε μετά από λίγο. "Πάντα υπάρχει ελπίδα για κάτι καινούργιο". Με αυτά τα λόγια, σηκώθηκε και σκούπισε το φόρεμά της. Στη συνέχεια, χωρίς άλλη λέξη, απομακρύνθηκε από κοντά μου σε έναν από τους αρχαίους δρόμους της Ακρόπολης, αφήνοντάς με για άλλη μια φορά μόνο μου με μόνη συντροφιά τις σκέψεις μου. Κάθισα εκεί για λίγο ακόμα, αφήνοντας τα λόγια της να εντρυφήσουν στο μυαλό μου. Είχε δίκιο - παρόλο που η Ακρόπολη ήταν ερειπωμένη, εξακολουθούσε να είναι ένα καταπληκτικό μέρος.

ou non. Elle a reniflé et s'est essuyé le visage avec la **manche** de sa robe. "Je vais bien", a-t-elle dit, mais il était **évident qu'**elle ne disait pas la vérité. "C'est juste que... cet endroit est si beau, mais c'est aussi si triste." Elle a fait un geste vers les ruines de l'Acropole autour de nous. "Ça me **rappelle** que tout finit par s'effondrer."

"Mais même si les choses s'écroulent, elles peuvent aussi être reconstruites", ai-je dit doucement, en pensant à toutes les fois dans ma propre vie où les choses ne s'étaient pas déroulées comme prévu, mais où j'avais **néanmoins** réussi à me relever. "Cet endroit en est la **preuve**." La **femme a** hoché lentement la tête, semblant prendre mes paroles à cœur. "Vous avez raison", a-t-elle dit après un moment. "Il y a toujours de l'espoir pour quelque chose de nouveau." Sur ce, elle s'est levée et a brossé sa robe. Puis, sans un mot de plus, elle s'est éloignée de moi en empruntant l'une des rues anciennes de l'Acropole, me laissant à nouveau seul avec mes pensées pour seule compagnie. Je suis resté assis un moment de plus, laissant ses paroles m'habiter. Elle avait raison - même si l'Acropole était en ruines, c'était toujours un endroit étonnant.

Ερωτήσεις κατανόησης

1. Τι βλέπει ο πρωταγωνιστής από την κορυφή του ναού;

2. Πώς αισθάνεται ο πρωταγωνιστής για τα αρχαία ερείπια;

3. Ποιον συναντά ο πρωταγωνιστής στην εσοχή;

4. Γιατί κλαίει η γυναίκα στην εσοχή;

5. Τι λέει ο πρωταγωνιστής στη γυναίκα;

6. Πώς αντιδρά η γυναίκα στα λόγια του πρωταγωνιστή;

7. Πού πηγαίνει η γυναίκα αφού αφήσει τον πρωταγωνιστή;

8. Τι κάνει ο πρωταγωνιστής αφού φύγει η γυναίκα;

9. Ποια είναι η συνολική γνώμη του πρωταγωνιστή για την Ακρόπολη;

Questions de compréhension

1. Que voit le protagoniste du haut du temple ?

2. Que pense le protagoniste des ruines antiques ?

3. Qui le protagoniste rencontre-t-il dans l'alcôve ?

4. Pourquoi la femme dans l'alcôve pleure-t-elle ?

5. Que dit le protagoniste à la femme ?

6. Comment la femme réagit-elle aux paroles du protagoniste ?

7. Où va la femme après avoir quitté le protagoniste ?

8. Que fait le protagoniste après le départ de la femme ?

9. Quelle est l'opinion générale du protagoniste sur l'Acropole ?

Όρος Όλυμπος

Ο ήλιος μόλις είχε αρχίσει να ξεπροβάλλει από τον **ορίζοντα**, ρίχνοντας μια ροζ και πορτοκαλί λάμψη στον ουρανό. Τα πουλιά κελαηδούσαν και το αεράκι φυσούσε απαλά ανάμεσα στα δέντρα. Ήταν μια όμορφη μέρα. Ο Όλυμπος φαινόταν στο **βάθος**, με την κορυφή του να **καλύπτεται** από σύννεφα. Λέγεται ότι ο Δίας, ο βασιλιάς των θεών, ζούσε στην κορυφή του Ολύμπου. Κάποιοι έλεγαν ότι μπορούσε να ελέγχει τον καιρό και ότι προκαλούσε καταιγίδες όταν θύμωνε. Άλλοι έλεγαν ότι ήταν ευγενικός και **καλοπροαίρετος** και βοηθούσε όσους είχαν ανάγκη. Κανείς δεν ήξερε με σιγουριά γιατί κανείς δεν είχε πάει ποτέ στον Όλυμπο και δεν είχε επιστρέψει για να διηγηθεί την ιστορία.

Σήμερα, όμως, κάποιος θα έκανε το ταξίδι στον Όλυμπο: μια νεαρή γυναίκα, η Σάρα, η οποία είχε χάσει πρόσφατα τον σύζυγό της σε ένα τραγικό ατύχημα. Ήθελε απαντήσεις από τον Δία- ήθελε να μάθει γιατί συνέβη αυτό και τι θα μπορούσε να κάνει για να μην ξανασυμβεί. Έτσι, με **αποφασιστικότητα** στην καρδιά της, η Σάρα ξεκίνησε την ανάβασή της στον Όλυμπο. Όσο πλησίαζε η Σάρα στον **Όλυμπο**, τόσο περισσότερο συνειδητοποιούσε πόσο τρομακτικό ήταν το έργο που είχε μπροστά της. Το βουνό ήταν τεράστιο και δεν είχε ιδέα από πού να ξεκινήσει την αναρρίχηση.

Le mont Olympe

Le soleil commençait à peine à dépasser l'**horizon**,
projetant une lueur rose et orange dans le ciel. Les
oiseaux chantaient, et la brise soufflait doucement dans
les arbres. C'était une belle journée. Le mont Olympe
se profilait au **loin**, son sommet **enveloppé** de nuages.
On dit que Zeus, le roi des dieux, vivait au sommet du
mont Olympe. Certains disaient qu'il pouvait contrôler le
temps et qu'il provoquait des tempêtes quand il était en
colère. D'autres disaient qu'il était gentil et **bienveillant**
et qu'il aidait les personnes dans le besoin. Personne
ne pouvait en être sûr, car personne n'était jamais
allé sur le mont Olympe et n'en était revenu pour le
raconter.

Mais aujourd'hui, quelqu'un va faire le voyage jusqu'au
Mont Olympe : une jeune femme nommée Sarah, qui
vient de perdre son mari dans un tragique accident.
Elle voulait obtenir des réponses de Zeus, savoir
pourquoi cela était arrivé et ce qu'elle pouvait faire
pour éviter que cela ne se reproduise. C'est donc avec
détermination que Sarah entreprit l'ascension du mont
Olympe. Plus Sarah s'approchait du mont **Olympe**,
plus elle se rendait compte de l'ampleur de la tâche
qui l'attendait. La montagne est immense, et elle n'a
aucune idée de l'endroit où commencer l'ascension.

Αλλά αρνήθηκε να τα παρατήσει- ο σύζυγός της άξιζε κάτι καλύτερο από αυτό. Έτσι, η Σάρα συνέχισε να προχωρά, αναζητώντας έναν τρόπο να ανέβει στο βουνό. Περιπλανιόταν για ώρες, **γρατζουνιόταν** από κλαδιά και σκόνταφτε σε βράχους. Αλλά τελικά βρήκε ένα μονοπάτι που φαινόταν να οδηγεί προς τα πάνω. Το ακολούθησε με ανυπομονησία, ελπίζοντας ότι θα την οδηγούσε στον Δία. Το μονοπάτι ήταν μακρύ και **δαιδαλώδες,** αλλά η Σάρα επέμενε. Δεν ήταν σίγουρη για πόσο ακόμα θα μπορούσε να συνεχίσει χωρίς φαγητό ή νερό, αλλά δεν ήθελε να γυρίσει πίσω τώρα. Τελικά, μετά από μέρες περπατήματος, η Σάρα έφτασε στην κορυφή του Ολύμπου. Και εκεί ήταν: Ο ίδιος ο Δίας, καθισμένος στο θρόνο του με έναν κεραυνό στο χέρι.

Η Σάρα πλησίασε τον Δία με προσοχή. Δεν ήξερε τι να περιμένει, αλλά ήξερε ότι έπρεπε να πει τη γνώμη της. "Δία", άρχισε, "ήρθα εδώ επειδή χρειαζόμουν απαντήσεις. Ο σύζυγός μου έχασε τη ζωή του σε ένα τραγικό **ατύχημα** και θέλω να μάθω γιατί **συνέβη** και τι μπορώ να κάνω για να μην ξανασυμβεί. " Ο Δίας κοίταξε τη Σάρα με οίκτο στα μάτια του. Μπορούσε να δει τον πόνο και την ταλαιπωρία που ήταν χαραγμένα στο πρόσωπό της. "Παιδί μου", είπε απαλά, "δεν υπάρχει εύκολη απάντηση στο ερώτημά σου. Μερικές φορές τα άσχημα πράγματα συμβαίνουν χωρίς κανένα λόγο.

Mais elle refuse d'abandonner, son mari mérite mieux que cela. Sarah a donc continué à chercher un moyen de gravir la montagne. Elle a erré pendant des heures, se faisant **griffer** par des branches et trébuchant sur des pierres. Mais finalement, elle trouva un chemin qui semblait mener vers le haut. Elle le suivit avidement, espérant qu'il la mènerait à Zeus. Le chemin était long et **sinueux**, mais Sarah a persévéré. Elle ne savait pas combien de temps elle pourrait tenir sans eau ni nourriture, mais elle ne voulait pas faire demi-tour maintenant. Enfin, après ce qui semblait être des jours de marche, Sarah atteignit le sommet du Mont Olympe. Et il était là : Zeus lui-même, assis sur son trône, un foudre à la main.

Sarah s'est approchée de Zeus avec précaution. Elle ne savait pas trop à quoi s'attendre, mais elle savait qu'elle devait dire ce qu'elle pensait. "Zeus," commença-t-elle, "Je suis venue ici parce que j'ai besoin de réponses. Mon mari est mort dans un **accident** tragique, et je veux savoir pourquoi c'**est arrivé** et ce que je peux faire pour éviter que cela ne se reproduise. "Zeus a regardé Sarah avec de la pitié dans les yeux. Il pouvait voir la douleur et la souffrance gravées sur son visage. "Mon enfant," dit-il doucement, "il n'y a pas de réponse facile à ta question. Parfois, de mauvaises choses arrivent sans aucune raison.

Ερωτήσεις κατανόησης

1. Ποιο ήταν το όνομα του συζύγου της Σάρας;

2. Πώς ένιωσε η Σάρα όταν έφτασε στην κορυφή του Ολύμπου;

3. Τι είπε ο Δίας στη Σάρα για τον σύζυγό της;

4. Γιατί η Σάρα ήθελε να μιλήσει στον Δία;

5. Τι είπε ο Δίας για τα κακά πράγματα που συμβαίνουν;

6. Πού βρίσκεται ο Όλυμπος;

7. Πώς λέγεται ότι είναι ο καιρός στον Όλυμπο;

8. Τι έκανε η Σάρα όταν δεν μπορούσε να βρει τρόπο να ανέβει στο βουνό;

9. Πώς ήταν το μονοπάτι που βρήκε η Σάρα;

Questions de compréhension

1. Quel était le nom du mari de Sarah ?

2. Qu'a ressenti Sarah lorsqu'elle a atteint le sommet du mont Olympe ?

3. Qu'a dit Zeus à Sarah au sujet de son mari ?

4. Pourquoi Sarah voulait-elle parler à Zeus ?

5. Qu'a dit Zeus à propos des mauvaises choses qui arrivent ?

6. Où se trouve le mont Olympe ?

7. Quel temps fait-il sur le mont Olympe ?

8. Qu'a fait Sarah quand elle n'a pas trouvé le chemin pour monter sur la montagne ?

9. Comment était le chemin que Sarah a trouvé ?

Στην παραλία

Μετά την ανατολή του ήλιου, τα κύματα είναι πιο δυνατά και η άμμος πάνω από την παλίρροια είναι λευκή. Κατεβαίνω στην παραλία, **θαυμάζοντας** τη θάλασσα και τον ήλιο. Τα δάχτυλα των ποδιών μου αισθάνονται τα αυλάκια των κοχυλιών. Η άμμος είναι κρύα στα δάχτυλα των ποδιών μου. Χαμογελάω και συνεχίζω. Η παλίρροια είναι υψηλή, οπότε πρέπει να προσέχω να μην με τραβήξει μέσα. Περπατάω κατά μήκος της άκρης του νερού, θαυμάζοντας τη θάλασσα. Η ανατολή του ήλιου είναι **πανέμορφη** και τα κύματα σκάνε. Νιώθω τόσο γαλήνια. Έρχομαι σε ένα σημείο όπου υπάρχει μια βραχώδης προεξοχή. Κάθομαι και παρακολουθώ τα κύματα. Το νερό είναι τόσο γαλάζιο και ο ουρανός τόσο **πορτοκαλί**. Νιώθω σαν να βρίσκομαι σε όνειρο. Κλείνω τα μάτια μου και απλά ακούω τα κύματα. Κάθισα εκεί για πολλή ώρα, μέχρι που άκουσα κάποιον να φωνάζει το όνομά μου.

Ανοίγω τα μάτια μου και βλέπω τη μαμά μου να έρχεται προς το μέρος μου. Έχει ένα ανήσυχο βλέμμα στο πρόσωπό της. Χαμογελάω και χαιρετάω και εκείνη **χαλαρώνει**. "Αναρωτιόμουν πού πήγες", λέει. "Χαίρομαι που απολαμβάνεις την παραλία". Της απαντάω: "Ναι, χαίρομαι". "Είναι τόσο όμορφα εδώ". "Το ξέρω", λέει. "Όταν ήμουν στην ηλικία σου, ερχόμουν συνέχεια

A la plage

Après le lever du soleil, les vagues sont plus fortes et le sable au-dessus de la marée est blanc. Je marche jusqu'à la plage, **admirant** la mer et le soleil. Mes orteils sentent les rainures des coquillages. Le sable est froid sur mes orteils. Je souris et je continue. La marée est haute, alors je dois faire attention à ne pas me laisser entraîner. Je marche le long du bord de l'eau, en admirant la mer. Le lever du soleil est **magnifique**, et les vagues s'écrasent. Je me sens si paisible. J'arrive à un endroit où il y a un affleurement rocheux. Je m'assieds et je regarde les vagues. L'eau est si bleue et le ciel est si **orange**. J'ai l'impression d'être dans un rêve. Je ferme les yeux et je me contente d'écouter les vagues. Je suis restée assise pendant un long moment, jusqu'à ce que j'entende quelqu'un m'appeler.

J'ouvre les yeux et je vois ma mère marcher vers moi. Elle a un air inquiet sur le visage. Je souris et je lui fais signe, et elle **se détend**. "Je me demandais où tu étais allée", dit-elle. "Je suis contente que tu profites de la plage." Je réponds : "J'en profite." "C'est tellement beau ici." "Je sais", dit-elle. "Je venais ici tout le temps quand j'avais ton âge." "Vraiment ?" Je demande. "Ouais", répond-elle. "C'est un endroit spécial." "As-tu déjà rencontré quelqu'un de spécial ici ?" Je demande. "Oui",

εδώ". "Αλήθεια;" Ρωτάω. "Ναι", απαντάει. "Είναι ένα ξεχωριστό μέρος." "Γνώρισες ποτέ κάποιον ξεχωριστό εδώ;" Ρωτάω. "Ναι", απαντάει χαμογελώντας. "Τον πατέρα σου." "Αλήθεια;" Λέω **έκπληκτος**. "Ναι", λέει. "Συνηθίζαμε να ερχόμαστε εδώ όλη την ώρα μαζί. Εδώ ερωτευτήκαμε. " Χαμογελάω, **φαντάζομαι** τους γονείς μου να ερωτεύονται σε αυτή την όμορφη παραλία. "Είναι ένα ξεχωριστό μέρος", επαναλαμβάνει. "Χαίρομαι που ήρθες εδώ σήμερα".

Καθόμαστε εκεί για λίγο ακόμα, **παρακολουθώντας** τα κύματα και το ηλιοβασίλεμα. Μετά σηκωνόμαστε και επιστρέφουμε στις πετσέτες μας στην παραλία. Ξαπλώνω και κοιτάζω τα αστέρια. Νιώθω τόσο ευτυχισμένη και ικανοποιημένη. Τα κύματα είναι πιο δυνατά τώρα, και η άμμος είναι κρύα. Ο ήλιος δύει και φυσάει ένα δροσερό αεράκι. Τα κύματα σκάνε στην ακτή και η μυρωδιά του αλατιού είναι στον αέρα. Είναι ένα τέλειο βράδυ για να βρίσκεσαι στην παραλία. Περπατάω κατά μήκος της ακτής, **ακούγοντας τον** ήχο των κυμάτων και παρακολουθώντας το ηλιοβασίλεμα. Βλέπω μια ομάδα ανθρώπων να κάθεται στην άμμο, να γελούν και να αστειεύονται. Φαίνεται να περνούν πολύ καλά. Τους πλησιάζω και τους ρωτάω αν μπορώ να τους κάνω παρέα. Μου λένε ναι και περνάμε το υπόλοιπο της βραδιάς μιλώντας, γελώντας και βλέποντας το **ηλιοβασίλεμα**. Είναι ένα τέλειο βράδυ.

répond-elle avec un sourire. "Ton père." "Vraiment ?"
Je dis, **surpris**. "Oui," dit-elle. "Nous avions l'habitude
de venir ici tout le temps ensemble. C'est là que nous
sommes tombés amoureux. " Je souris, **imaginant**
mes parents tombant amoureux sur cette magnifique
plage. " C'est un endroit spécial ", répète-t-elle. "Je suis
contente que tu sois venu ici aujourd'hui."

Nous restons assis là un moment de plus, à **regarder**
les vagues et le coucher de soleil. Puis nous nous
levons et retournons à nos serviettes de plage.
Je m'allonge et regarde les étoiles. Je me sens si
heureuse et satisfaite. Les vagues sont plus fortes
maintenant, et le sable est froid. Le soleil se couche et
une brise fraîche souffle. Les vagues s'écrasent sur le
rivage et l'odeur du sel flotte dans l'air. C'est une soirée
parfaite pour être à la plage. Je me promène le long du
rivage, en **écoutant le** bruit des vagues et en regardant
le coucher du soleil. Je vois un groupe de personnes
assises sur le sable, qui rient et plaisantent. Ils ont
l'air de passer un bon moment. Je m'approche d'eux
et leur demande si je peux les rejoindre. Ils acceptent
et nous passons le reste de la soirée à parler, à rire
et à regarder le **coucher de soleil**. C'est une soirée
parfaite.

Ερωτήσεις κατανόησης

1. Πού πηγαίνει η αφηγήτρια αφού ξυπνήσει;

2. Τι θαυμάζει η αφηγήτρια καθώς περπατά κατά μήκος της παραλίας;

3. Τι πρέπει να προσέχει η αφηγήτρια καθώς περπατάει στην παραλία;

4. Πού κάθεται ο αφηγητής για να απολαύσει τη θέα;

5. Πόση ώρα κάθεται εκεί ο αφηγητής;

6. Ποιον βλέπει η αφηγήτρια όταν ανοίγει ξανά τα μάτια της;

7. Τι λέει η μητέρα του αφηγητή;

8. Τι συζητούν η αφηγήτρια και οι άνθρωποι που συναντά;

Questions de compréhension

1. Où va la narratrice après son réveil ?

2. Qu'est-ce que la narratrice admire en marchant le long de la plage ?

3. De quoi la narratrice doit-elle se méfier lorsqu'elle marche le long de la plage ?

4. Où le narrateur s'assoit-il pour profiter de la vue ?

5. Combien de temps le narrateur reste-t-il assis là ?

6. Qui la narratrice voit-elle lorsqu'elle ouvre à nouveau les yeux ?

7. Que dit la mère du narrateur ?

8. De quoi parlent la narratrice et les personnes qu'elle rencontre ?

Κάμπινγκ στη λίμνη

Περπατάω προς τη λίμνη, **θαυμάζοντας** την ηρεμία της σκηνής. Ο ήλιος πέφτει πάνω στη μικρή λίμνη, κάνοντας το νερό να μοιάζει με γυάλινο φύλλο. Η μόνη κίνηση είναι ο περιστασιακός κυματισμός από ένα ψάρι που **σπάει** την επιφάνεια. Ακόμα και τα πουλιά φαίνεται να κάνουν ένα διάλειμμα από τη ζέστη, με μόνο τον ήχο των τζιτζικιών να γεμίζει τον αέρα. **Ξαφνικά**, η γαλήνη διακόπτεται από έναν δυνατό παφλασμό. Ένα μεγάλο **ψάρι** έχει πηδήξει έξω από το νερό, προσπαθώντας να πιάσει μια λιβελούλα. Το ψάρι χάνει το στόχο του και πέφτει πίσω στο νερό με έναν παφλασμό. "Ουάου", σκέφτομαι, "αυτό ήταν ένα μεγάλο ψάρι!". Κοίταξα γύρω μου για να δω αν το είδε κάποιος άλλος, αλλά δεν υπήρχε κανείς τριγύρω. Υποθέτω ότι θα πρέπει να τους το πω όταν επιστρέψω στην κατασκήνωση.

Η ζέστη είναι **αποπνικτική**, με αποτέλεσμα να δυσκολεύεσαι να αναπνεύσεις. Ο αέρας είναι πυκνός και βαρύς, σαν κουβέρτα που σε τυλίγει. Η μόνη ανακούφιση είναι το νερό. Είναι δροσερό και αναζωογονητικό, σαν ένα κρύο ποτό σε μια ζεστή μέρα. Παίρνω μια βαθιά ανάσα και βουτάω στο νερό. Η ανακούφιση είναι άμεση καθώς το δροσερό νερό με περιβάλλει. Κολυμπάω μέχρι το βυθό και μετά ξαναβγαίνω στην επιφάνεια, νιώθοντας το νερό να

Camping au lac

Je me dirige vers le lac, **admirant** la tranquillité de la scène. Le soleil tape sur le petit lac, faisant ressembler l'eau à une feuille de verre. Le seul mouvement est l'ondulation occasionnelle d'un poisson **brisant la** surface. Même les oiseaux semblent prendre une pause de la chaleur, avec seulement le son des cigales remplissant l'air. **Soudain**, la paix est rompue par un grand plouf. Un gros **poisson** a sauté hors de l'eau, essayant d'attraper une libellule. Le poisson rate sa cible et retombe dans l'eau avec un plouf. "Wow," je me dis, "c'était un gros poisson !". J'ai regardé autour de moi pour voir si quelqu'un d'autre l'avait vu, mais il n'y avait personne. Je suppose que je devrai leur dire quand je rentrerai au camp.

La chaleur est **oppressante**, il est difficile de respirer. L'air est épais et lourd, comme une couverture qui vous enveloppe. Le seul soulagement est dans l'eau. Elle est fraîche et rafraîchissante, comme une boisson fraîche par une journée chaude. Je prends une profonde inspiration et je plonge dans l'eau. Le soulagement est immédiat car l'eau fraîche m'entoure. Je nage jusqu'au fond, puis remonte à la surface, sentant l'eau refroidir mon corps. Je continue à **faire** des longueurs, appréciant le répit de la chaleur. Après un moment,

δροσίζει το σώμα μου. Συνεχίζω να **κολυμπάω** γύρους, απολαμβάνοντας την ανάπαυλα από τη ζέστη. Μετά από λίγο, βγαίνω από το νερό και ξαπλώνω στο γρασίδι, αφήνοντας τον ήλιο να στεγνώσει το σώμα μου. Κλείνω τα μάτια μου και πέφτω για ύπνο, με τον ήχο των **τζιτζικιών** να με νανουρίζει σε βαθύ ύπνο. Αφήνω τον ήλιο να βγάλει το νερό από το δέρμα μου. Νιώθω το δέρμα μου να κοκκινίζει, αλλά δεν με νοιάζει. Κάνω πολύ ζέστη για να με νοιάζει.Το επόμενο πράγμα που καταλαβαίνω είναι ότι ο ήλιος δύει. Ο ουρανός έχει ένα όμορφο πορτοκαλί χρώμα, με ροζ και μοβ ανταύγειες. Η ζέστη έχει φύγει, και τη θέση της έχει πάρει ένα δροσερό **αεράκι**.

Σηκώνομαι και ξαναφορώ τα ρούχα μου, νιώθοντας ανανεωμένη και αναζωογονημένη. Παίρνω μια βαθιά **ανάσα** από τον δροσερό αέρα και χαμογελάω. Είναι ωραίο να είσαι ζωντανός. Επιστρέφω με τα πόδια στην κατασκήνωση, θαυμάζοντας τον τρόπο που τα χρώματα χορεύουν στον ουρανό. Βλέπω τη φωτιά να καίει στο βάθος και μυρίζω τον καπνό στον αέρα. Χαμογελάω και **επιταχύνω** το βήμα μου. Είμαι έτοιμη να χαλαρώσω και να απολαύσω το υπόλοιπο της βραδιάς μου. Μπαίνω στο κάμπινγκ και βλέπω ότι όλοι είναι συγκεντρωμένοι γύρω από τη φωτιά. **Γελούν** και αστειεύονται και βλέπω τη φωτιά να αντανακλάται στα μάτια τους. Χαμογελάω και κάθομαι δίπλα στους φίλους μου. Είναι ωραία που επέστρεψα. Το επόμενο πρωί, ξυπνάω νωρίς και αρχίζω να μαζεύω τα πράγματά μου.

je sors de l'eau et je m'allonge sur l'herbe, laissant le soleil sécher mon corps. Je ferme les yeux et m'endors, le son des **cigales** me berce dans un profond sommeil. Je laisse le soleil faire sortir l'eau de ma peau. Je sens que ma peau devient rouge, mais je m'en moque. J'ai trop chaud pour m'en soucier. La prochaine chose que je sais, c'est que le soleil se couche. Le ciel est d'un bel orange, avec des traces de rose et de violet. La chaleur a disparu, remplacée par une **brise** fraîche.

Je me lève et me rhabille, me sentant rafraîchie et rajeunie. Je **respire** profondément l'air frais et je souris. C'est bon d'être en vie. Je retourne au camping, en admirant la façon dont les couleurs dansent dans le ciel. Je peux voir le feu de camp qui brûle au loin et je peux sentir la fumée dans l'air. Je souris et j'**accélère le** pas. Je suis prête à me détendre et à profiter du reste de ma soirée. J'entre dans le camping et je vois que tout le monde est rassemblé autour du feu. Ils **rient** et plaisantent, et je peux voir le feu se refléter dans leurs yeux. Je souris et m'assieds à côté de mes amis. C'est bon d'être de retour. Le lendemain matin, je me réveille tôt et je commence à préparer mes affaires.

Ερωτήσεις κατανόησης

1. Πού πηγαίνει ο περιπατητής;

2. τι είδους καιρός επικρατεί;

3. Πώς μοιάζει το νερό;

4. Πώς αντιδρά ο περιπατητής στη ζέστη;

5. Τι κάνει το ψάρι;

6. Γιατί ο περιπατητής είναι μόνος του;

7. Πώς αισθάνεστε το νερό;

8. Πώς αισθάνεται ο περιπατητής μετά το κολύμπι;

9. Τι ώρα της ημέρας είναι όταν ο περιπατητής ξυπνάει;

10. Πού πηγαίνει ο περιπατητής όταν φεύγει από τον καταυλισμό;

Questions de compréhension

1. Où va le marcheur ?

2. Quel temps fait-il ?

3. À quoi ressemble l'eau ?

4. Comment le marcheur réagit-il à la chaleur ?

5. Que fait le poisson ?

6. Pourquoi le marcheur est-il seul ?

7. Quelle est la sensation de l'eau ?

8. Comment le marcheur se sent-il après avoir nagé ?

9. A quelle heure de la journée le déambulateur se réveille-t-il ?

10. Où va le marcheur quand il quitte le camp ?

Το σπίτι

Μετακόμισα στο νέο μου σπίτι την περασμένη εβδομάδα και είμαι τόσο **ενθουσιασμένη**! Είναι πολύ μεγαλύτερο από το παλιό μου και έχει μεγάλη αυλή. Ανυπομονώ να καλέσω φίλους για μπάρμπεκιου και πάρτι. **Το αγαπημένο μου** μέρος είναι η νέα μου κρεβατοκάμαρα. Είναι τόσο μεγάλο και φωτεινό και έχω πολύ χώρο για να βάλω όλα μου τα πράγματα. Είμαι πολύ χαρούμενη με το νέο μου σπίτι και νομίζω ότι θα είμαι πολύ ευτυχισμένη εδώ. Αποφάσισα να εξερευνήσω το σπίτι λίγο περισσότερο. Ανέβηκα στον δεύτερο όροφο και άρχισα να κατευθύνομαι προς την κουζίνα, όταν είδα μια μεγάλη μαύρη αράχνη στον τοίχο! Ούρλιαξα και έτρεξα κάτω. **Φοβήθηκα** τόσο πολύ! Αλλά μετά από λίγα λεπτά, ηρέμησα και αποφάσισα να ξαναπάω επάνω. Πήγα σιγά σιγά στην κουζίνα και είδα ότι η αράχνη είχε φύγει. Ανακουφίστηκα τόσο πολύ! Κατέβηκα ξανά κάτω και αποφάσισα να βγω έξω να εξερευνήσω την **πίσω αυλή**. Ήταν τόσο μεγάλη! Δεν μπορούσα να το πιστέψω. Είδα μια κούνια στη γωνία και μια τσουλήθρα. Είδα επίσης ένα δίχτυ μπάσκετ και ένα **τραμπολίνο**. Ήμουν τόσο ενθουσιασμένη!

Ανυπομονώ να χρησιμοποιήσω όλα αυτά τα νέα πράγματα. Οι **γείτονες** ήρθαν και συστήθηκαν. Φάνηκαν πολύ καλοί και μιλήσαμε για λίγο. Με προσκάλεσαν στο μπάρμπεκιου τους το επόμενο Σαββατοκύριακο και είπα ότι θα ήθελα πολύ να

La Maison

J'ai emménagé dans ma nouvelle maison la semaine dernière, et je suis si **excitée** ! Elle est tellement plus grande que l'ancienne, et elle a un grand jardin. J'ai hâte d'inviter des amis pour des barbecues et des fêtes. Ce que je **préfère,** c'est ma nouvelle chambre. Elle est si grande et lumineuse, et j'ai beaucoup d'espace pour mettre toutes mes affaires. Je suis très contente de ma nouvelle maison et je pense que je serai très heureuse ici. J'ai décidé d'explorer un peu plus la maison. Je suis monté au deuxième étage et j'ai commencé à me diriger vers la cuisine quand j'ai vu une grosse araignée noire sur le mur ! J'ai crié et j'ai couru en bas. J'avais tellement **peur** ! Mais après quelques minutes, je me suis calmée et j'ai décidé de retourner à l'étage. J'ai lentement fait mon chemin vers la cuisine et j'ai vu que l'araignée était partie. J'étais tellement soulagée ! Je suis redescendu et j'ai décidé de sortir pour explorer le **jardin**. Elle était si grosse ! Je n'arrivais pas à y croire. J'ai vu une balançoire dans le coin et un toboggan. J'ai aussi vu un filet de basket et un **trampoline**. J'étais tellement excitée!

J'ai hâte d'utiliser tous ces nouveaux trucs. Les **voisins** sont venus et se sont présentés. Ils avaient l'air très gentils, et nous avons parlé un moment. Ils m'ont invité à leur barbecue le week-end prochain, et j'ai dit que j'aimerais beaucoup venir. J'ai passé une excellente

έρθω. Πέρασα μια υπέροχη πρώτη εβδομάδα στο νέο μου σπίτι και είμαι ενθουσιασμένη για όλες τις νέες περιπέτειες που έρχονται. Σήμερα, θα πάω να εξερευνήσω ξανά την πίσω αυλή και να δω τι άλλο μπορώ να βρω. Ποιος ξέρει, ίσως βρω και κάποιο **θησαυρό**. Ανυπομονώ να δω τι θα φέρει η επόμενη εβδομάδα! Την επόμενη εβδομάδα, πήγα πάλι για εξερεύνηση στην πίσω αυλή και βρήκα έναν **μυστικό** κήπο. Ήταν τόσο όμορφος! Υπήρχαν παντού λουλούδια και μια μικρή λιμνούλα με ψάρια. Είδα επίσης μια κούνια που δεν είχα ξαναδεί. Ήμουν τόσο ενθουσιασμένη που βρήκα αυτόν τον μυστικό κήπο και ανυπομονώ να τον εξερευνήσω περισσότερο. Ήταν τόσο **όμορφος**!

Υπήρχαν παντού λουλούδια και μια μικρή λιμνούλα με ψάρια. Είδα επίσης μια κούνια που δεν είχα ξαναδεί. Ήμουν τόσο ενθουσιασμένη που βρήκα αυτόν τον μυστικό κήπο και ανυπομονώ να τον εξερευνήσω περισσότερο. Μου άρεσε επίσης το νέο μου δωμάτιο. Ήταν τόσο μεγάλο και φωτεινό, και υπήρχαν ήδη αφίσες των αγαπημένων μου συγκροτημάτων στους τοίχους. Δεν χρειάστηκε καν να φέρω δικά μου **έπιπλα**, επειδή υπήρχε ήδη ένα κρεβάτι, μια συρταριέρα και ένα γραφείο εδώ. Αυτή θα είναι η καλύτερη χρονιά όλων των εποχών! Είχα λίγο άγχος που θα ξεκινούσα σε ένα νέο **σχολείο, αλλά** όλοι οι νέοι μου γείτονες ήταν τόσο φιλικοί. Γνώρισα ακόμη και ένα κορίτσι που μένει δίπλα μου και λέει ότι θα έρθει μαζί μου στο σχολείο με τα πόδια την πρώτη μέρα.

première semaine dans ma nouvelle maison et j'ai hâte de vivre toutes les nouvelles aventures qui m'attendent. Aujourd'hui, je vais encore aller explorer le jardin et voir ce que je peux trouver d'autre. Qui sait, peut-être vais-je même trouver un **trésor**. J'ai hâte de voir ce que la semaine prochaine nous réserve ! La semaine suivante, je suis retourné explorer le jardin et j'ai trouvé un jardin **secret**. C'était tellement beau ! Il y avait des fleurs partout et un petit étang avec des poissons dedans. J'ai aussi vu une balançoire que je n'avais jamais vue auparavant. J'étais si excitée de trouver ce jardin secret, et j'ai hâte de l'explorer davantage. C'était tellement **beau** !

Il y avait des fleurs partout et un petit étang avec des poissons dedans. J'ai aussi vu une **balançoire** que je n'avais jamais vue auparavant. J'étais si excitée de trouver ce jardin secret, et j'ai hâte de l'explorer davantage. J'ai aussi adoré ma nouvelle chambre. Elle était si grande et lumineuse, et il y avait déjà des posters de mes groupes préférés sur les murs. Je n'ai même pas eu besoin d'apporter mes propres **meubles** car il y avait déjà un lit, une commode et un bureau.

Ερωτήσεις κατανόησης

1. Πού ζει το άτομο;

2. Πώς του αρέσει στο νέο σπίτι;

3. Ποιο είναι το αγαπημένο μέρος του ατόμου στο νέο σπίτι;

4. Τι βρήκε το άτομο στον κήπο;

5. Ποιοι είναι οι γείτονες;

6. Πώς αισθάνθηκε το άτομο τις πρώτες ημέρες στο νέο σπίτι;

7. Ποιο είναι το αγαπημένο σημείο του ατόμου στο νέο δωμάτιο;

8. Τι σκοπεύει να κάνει το άτομο αύριο;

9. Ποιο ήταν το καλύτερο μέρος της πρώτης εβδομάδας του ατόμου στο νέο σπίτι;

Questions de compréhension

1. Où vit la personne ?

2. Comment la personne se sent-elle dans sa nouvelle maison ?

3. Quelle est la partie de la nouvelle maison que la personne préfère ?

4. Qu'est-ce que la personne a trouvé dans le jardin ?

5. Qui sont les voisins ?

6. Comment se sont passés les premiers jours de la personne dans sa nouvelle maison ?

7. Quelle est la partie de la nouvelle pièce que la personne préfère ?

8. Qu'est-ce que la personne prévoit de faire demain ?

9. Quelle a été la meilleure partie de la première semaine de la personne dans sa nouvelle maison ?

Στο τρένο

Έτρεξα στο σταθμό του τρένου, αλλά άργησα πολύ.
Το τρένο είχε ήδη φύγει χωρίς εμένα. Ένιωσα τόσο
θυμωμένη και **απογοητευμένη** με τον εαυτό μου.
Σχεδίαζα να πάρω το τρένο για να επισκεφτώ τους
παππούδες μου που ζουν στην εξοχή, αλλά τώρα
θα έπρεπε να περιμένω μια ολόκληρη ώρα για το
επόμενο τρένο. Αποφάσισα αντ' αυτού να περπατήσω
για λίγο στην πόλη και προσπάθησα να ξεχάσω τη
χαμένη μου ευκαιρία. Καθώς περπατούσα, άρχισα να
ονειρεύομαι όλα τα μέρη που μπορούν να σε πάνε τα
τρένα. Ξαφνικά, δεν ήμουν πια τόσο αναστατωμένη.
Επιστρέφω στο σταθμό και δεν μπορώ παρά να
παρατηρήσω τη μεγάλη κόκκινη, άσπρη και μπλε
ατμομηχανή που έτρεχε προς το μέρος μου. Μόνο
όταν βλέπω τον **εισπράκτορα να** με χαιρετάει από το
παράθυρο, συνειδητοποιώ ότι αυτό το τρένο είναι για
μένα. Επιβιβάζομαι στο τρένο και βρίσκω τη θέση μου,
βολευόμενος σε αυτό που υπόσχεται να είναι ένα μακρύ
ταξίδι.

Καθώς βγαίνουμε από το σταθμό, δεν μπορώ παρά να
αναρωτηθώ πού θα με πάει αυτό το τρένο. Μέσα από
πράσινα **χωράφια** και πάνω από γαλάζια ποτάμια,
πέρα από βουνά και κοιλάδες, δεν ξέρω πού θα
πάει αυτό το παλιό τρένο. Καθώς η νύχτα αρχίζει να
πέφτει, πέφτω σε έναν **ήρεμο** ύπνο, νανουρισμένος

Dans le train

J'ai couru jusqu'à la gare, mais c'était trop tard. Le train était déjà parti sans moi. Je me suis sentie tellement **en colère** et **déçue** de moi-même. J'avais prévu de prendre le train pour rendre visite à mes grands-parents qui vivent à la campagne, mais maintenant je devais attendre le prochain train pendant une heure entière. J'ai décidé de me promener un peu dans la ville à la place et j'ai essayé d'oublier cette occasion manquée. En marchant, j'ai commencé à **rêver à** tous les endroits où le **train** peut vous emmener. Soudain, je n'étais plus aussi contrariée. Je suis retourné dans la gare et je n'ai pu m'empêcher de remarquer la grande locomotive rouge, blanche et bleue qui se dirigeait vers moi. Ce n'est que lorsque je vois le **conducteur** me faire signe par la fenêtre que je réalise que ce train est pour moi. Je monte dans le train et trouve mon siège, m'installant pour ce qui promet d'être un long voyage.

Alors que nous sortons de la gare, je ne peux m'empêcher de me demander où ce train va m'emmener. À travers des **champs** verts et des rivières bleues, en passant par des montagnes et des vallées, on ne sait pas où ce vieux train va aller. À la tombée de la nuit, je m'endors **paisiblement**, bercé par le mouvement **rythmique** des wagons sur les rails en contrebas. Quand le matin revient, j'ouvre les yeux

από τη **ρυθμική** κίνηση των βαγονιών στις γραμμές από κάτω. Όταν ξημερώνει ξανά, ανοίγω τα μάτια μου και διαπιστώνω ότι έχουμε φτάσει σε μια μικρή πόλη κάπου στη μέση του πουθενά. Ο ήλιος μόλις ξεπροβάλλει από τον ορίζοντα, καθώς οι ντόπιοι αρχίζουν να κυκλοφορούν στην κεντρική οδό- μοιάζει με οποιαδήποτε άλλη μέρα εδώ, εκτός από ένα πράγμα - υπάρχει μια μεγάλη πινακίδα κοντά στο δημαρχείο που γράφει "Καλώς ήρθατε στο πλοίο!". Φαίνεται ότι αυτή η μικρή πόλη μας περίμενε, παρόλο που είμαστε απλώς ένα συνηθισμένο **επιβατικό** τρένο που περνάει από εδώ στο δρόμο του για αλλού. Καθώς αφήνουμε την πόλη πίσω μας για άλλη μια φορά, τρέχοντας προς ποιος ξέρει πού θα πάμε, χαμογελάω με όλα τα φιλικά πρόσωπα που μας χαιρετούν από αυτά τα μικρά σπίτια που βρίσκονται ανάμεσα σε **αγροτικές εκτάσεις -** είναι πραγματικά εκπληκτικό πώς κάτι τόσο φαινομενικά συνηθισμένο μπορεί να φέρει τόση χαρά απλά και μόνο περνώντας από εδώ. Και μετά, φυσικά, υπάρχουν και τα **παιδιά**.

Σκύβω έξω από το παράθυρο της ατμομηχανής μου. Πάντα με κάνουν να νιώθω τόσο ευτυχισμένη με τα λαμπερά τους μάτια και τα μεγάλα τους χαμόγελα. Τους χαιρετάω δυναμικά πριν επιστρέψω στην **καμπίνα μου** και καθίσω. Ήταν ήδη μια μεγάλη μέρα, αλλά δεν έχει τελειώσει ακόμα- απομένουν ακόμα μερικές ώρες μέχρι να φτάσουμε στον τελικό μας **προορισμό**.

pour constater que nous sommes arrivés dans une petite ville quelque part au milieu de nulle part. Le soleil pointe à peine à l'horizon et les habitants commencent à s'agiter dans la rue principale ; c'est un jour comme les autres ici, à l'exception d'une chose : il y a un grand panneau près de l'hôtel de ville qui dit "Bienvenue à bord". Il semble que cette petite ville nous attendait, même si nous ne sommes qu'un train de **voyageurs** ordinaire qui passe par là pour aller ailleurs. Alors que nous laissons la ville derrière nous une fois de plus, en direction d'on ne sait où, je souris à tous les visages amicaux qui nous saluent depuis ces petites maisons nichées au milieu des **terres agricoles - c**'est vraiment étonnant de voir comment quelque chose d'apparemment si ordinaire peut apporter tant de joie simplement en passant par là. Et puis, bien sûr, il y a les **enfants**.

Je me penche par la fenêtre de ma locomotive. Ils me rendent toujours si heureux avec leurs yeux brillants et leurs grands sourires. Je leur fais un signe de la main énergique avant de retourner dans ma **cabine** et de m'asseoir. La journée a déjà été longue, mais elle n'est pas encore terminée ; il reste encore quelques heures avant d'atteindre notre **destination** finale.

Ερωτήσεις κατανόησης

1. Πού πηγαίνει το τρένο;

2. Ποιος ταξιδεύει με το τρένο;

3. Πότε φεύγει το τρένο;

4. Πώς επιβιβάζεται ο πρωταγωνιστής στο τρένο;

5. Από πού έρχεται το τρένο;

6. Πού πηγαίνει το τρένο μετά;

7. Πότε έφτασαν οι επιβάτες;

8. Πώς αισθάνεται ο πρωταγωνιστής όταν χάνει το τρένο;

9. Πώς αντιδρά ο οδηγός του τρένου όταν βλέπει τον πρωταγωνιστή;

10. Γιατί στον πρωταγωνιστή αρέσουν τα τρένα;

Questions de compréhension

1. Où va le train ?

2. Qui voyage dans le train ?

3. Quand le train part-il ?

4. Comment le protagoniste monte-t-il dans le train ?

5. D'où vient le train ?

6. Où le train va-t-il ensuite ?

7. Quand les passagers sont-ils arrivés ?

8. Que ressent le protagoniste lorsqu'il rate le train ?

9. Comment le conducteur du train réagit-il lorsqu'il voit le protagoniste ?

10. Pourquoi le protagoniste aime-t-il les trains ?

Μαγείρεμα δείπνο

Είναι 5 το απόγευμα και γυρίζω με τα πόδια από τη δουλειά. **Ανυπομονώ** να περάσω ένα ήρεμο βράδυ στο σπίτι με τον σύντροφό μου. Θα μαγειρέψουμε μαζί δείπνο και μετά θα χαλαρώσουμε για το υπόλοιπο της νύχτας. Νιώθω καλά που ξέρω ότι δεν έχω σχέδια ή υποχρεώσεις αυτό το **βράδυ**. Φτάνω στο σπίτι και ο σύντροφός μου είναι ήδη στην κουζίνα, αρχίζοντας να ετοιμάζει το δείπνο μας. Μυρίζει **καταπληκτικά** εδώ μέσα! Συζητάμε καθώς μαγειρεύουμε, ενημερώνοντας ο ένας τον άλλον για τις μέρες του και μοιραζόμαστε μικρές ιστορίες από τη ζωή μας στη δουλειά. Η κουζίνα είναι το αγαπημένο μου δωμάτιο στο διαμέρισμά μας. Λατρεύω να μαγειρεύω και ιδιαίτερα λατρεύω να μαγειρεύω με τον σύντροφό μου. Πάντα περνάμε τόσο καλά εδώ μέσα, γελώντας και αστειευόμενοι ενώ μαγειρεύουμε σαν καταιγίδα. Επιπλέον, το φαγητό είναι πάντα **απίστευτο** όταν δουλεύουμε **μαζί**.

Απόψε, θα φτιάξουμε μια από τις αγαπημένες μου συνταγές: **κοτόπουλο** παρμεζάνα. Ο σύντροφός μου ξεκινάει παναρίθοντας το κοτόπουλο, ενώ εγώ βάζω τη σάλτσα να σιγοβράζει στη **φωτιά**. Δουλεύουμε μαζί σαν μια καλολαδωμένη μηχανή, και σε λίγο το δείπνο είναι έτοιμο για σερβίρισμα. Καθόμαστε στο μικρό τραπέζι της κουζίνας μας με τα **πιάτα** γεμάτα με κοτόπουλο

Cuisiner le dîner

Il est 17 heures et je rentre à pied du travail. J'ai **hâte**
de passer une soirée tranquille à la maison avec mon
partenaire. Nous allons préparer le dîner ensemble et
nous détendre pour le reste de la nuit. C'est agréable
de savoir que je n'ai aucun projet ni aucune obligation
ce **soir**. J'arrive à la maison et mon partenaire est
déjà dans la cuisine, en train de préparer notre
dîner. Ça sent **très bon** ici ! Nous bavardons tout
en cuisinant, prenant des nouvelles de nos journées
respectives et partageant des petites histoires de
nos vies professionnelles. La cuisine est ma pièce
préférée dans notre appartement. J'adore cuisiner, et
j'aime particulièrement cuisiner avec mon partenaire.
Nous passons toujours un bon moment ici, à rire et
à plaisanter pendant que nous cuisinons. De plus,
la nourriture est toujours **incroyable** lorsque nous
travaillons **ensemble**.

Ce soir, nous faisons l'une de mes recettes préférées
: le **poulet au** parmesan. Mon partenaire commence
par paner le poulet pendant que je fais mijoter la sauce
sur la **cuisinière**. Nous travaillons ensemble comme
une machine bien huilée, et en peu de temps, le dîner
est prêt à être servi. Nous nous asseyons à notre petite
table de cuisine avec des **assiettes** remplies de poulet

παρμεζάνα, ζυμαρικά και σαλάτα. Τσουγκρίζουμε τα ποτήρια και παίρνουμε την πρώτη μας μπουκιά - και είναι **παραδεισένιο**! Το κοτόπουλο είναι τραγανό απ' έξω αλλά ζουμερό από μέσα, η σάλτσα είναι γευστική και τέλεια, τα ζυμαρικά είναι μαγειρεμένα al dente... όλα έχουν απολύτως τέλεια γεύση απόψε. Ξέρουμε και οι δύο ότι αυτή ήταν μια από εκείνες τις βραδιές που όλα συνδυάστηκαν τέλεια, καθώς **απολαμβάνουμε** και την τελευταία μπουκιά του νόστιμου γεύματός μας. Η γεύση του ήταν ακόμα καλύτερη απ' ό,τι μύριζε - που ήταν πολύ καλή! Τελειώνουμε το γεύμα μας σχετικά γρήγορα, καθώς κανένας από τους δυο μας δεν πεινάει ιδιαίτερα σήμερα, αλλά παίρνουμε το χρόνο μας απολαμβάνοντας μερικά ακόμη **ποτήρια** κρασί, ενώ συζητάμε ελαφρά τη καρδία για το ένα και το άλλο θέμα. Μετά το δείπνο, καθαρίζουμε γρήγορα μαζί και στη συνέχεια μεταφερόμαστε στο σαλόνι, όπου περνάμε λίγη ώρα **αγκαλιά** στον καναπέ βλέποντας τηλεόραση.

Είναι τόσο ωραίο να είμαστε κοντά ο ένας στον άλλον μετά από μια κουραστική μέρα **εργασίας**. Αισθάνομαι ικανοποιημένος. Παρόλο που δεν είχαμε μια περιπετειώδη βραδιά, ήταν ωραίο να περάσουμε λίγο χρόνο μαζί χωρίς να χρειαστεί να βγούμε από το σπίτι. Είδαμε μια ταινία και πέσαμε νωρίς για ύπνο, νιώθοντας **ικανοποιημένοι** με την απλή μας βραδιά.

au parmesan, de pâtes et de salade. Nous faisons tinter les verres et prenons notre première bouchée - et c'est **divin** ! Le poulet est croustillant à l'extérieur mais juteux à l'intérieur ; la sauce est savoureuse et parfaite ; les pâtes sont cuites al dente... tout a un goût absolument parfait ce soir. Nous savons tous les deux que c'était l'une de ces nuits où tout s'est parfaitement réuni alors que nous **savourons** chaque bouchée de notre délicieux repas. Le goût était encore meilleur que l'odeur, qui était sacrément bonne ! Nous terminons notre repas assez rapidement car aucun de nous n'a particulièrement faim aujourd'hui, mais nous prenons notre temps en dégustant quelques **verres** de vin supplémentaires tout en discutant légèrement de tel ou tel sujet. Après le dîner, nous nettoyons rapidement ensemble et passons au salon, où nous passons un moment à **nous câliner** sur le canapé en regardant la télévision.

C'est tellement agréable d'être près l'un de l'autre après une longue journée de **travail** séparé. Je me sens satisfaite. Même si la soirée n'a pas été très animée, c'était agréable de passer du temps ensemble sans avoir à quitter la maison. Nous avons regardé un film et nous nous sommes couchés tôt, **satisfaits** de notre simple soirée.

Ερωτήσεις κατανόησης

1. Από πού προέρχεται ο αφηγητής;

2. Τι κάνει ο αφηγητής μετά τη δουλειά;

3. Τι τρώει ο αφηγητής για δείπνο;

4. Γιατί αρέσει στον αφηγητή η κουζίνα;

5. Τι είδους πιάτο μαγειρεύει το ζευγάρι;

6. Πώς αισθάνεται ο αφηγητής στο τέλος της βραδιάς;

7. Ποιο είναι το αγαπημένο πράγμα που κάνει το ζευγάρι;

8. Τι κάνει το ζευγάρι όταν κουράζεται;

9. Πού κοιμούνται;

10. Γιατί αρέσει στον αφηγητή να μένει στο σπίτι;

Questions de compréhension

1. D'où vient le narrateur ?

2. Que fait le narrateur après le travail ?

3. Que mange le narrateur pour le dîner ?

4. Pourquoi le narrateur aime-t-il la cuisine ?

5. Quel genre de plat le couple cuisine-t-il ?

6. Que ressent le narrateur à la fin de la soirée ?

7. Quelle est l'activité préférée du couple ?

8. Que fait le couple quand il est fatigué ?

9. Où dorment-ils ?

10. Pourquoi le narrateur aime-t-il rester à la maison ?

Περπατώντας στο σπίτι

Ήταν μια **ήσυχη** νύχτα καθώς γύριζα σπίτι από τη δουλειά. Καθώς περπατούσα, δεν μπορούσα παρά να χαμογελάσω με τις αναμνήσεις. Ένιωθα όμορφα που επέστρεφα στην παλιά μου γειτονιά. Χαιρέτησα μερικούς ανθρώπους που γνώριζα και μου χαιρέτησαν κι εκείνοι. Ήταν ωραίο να βρίσκομαι στο σπίτι μου. Πέρασα από το παλιό μου σχολείο και **θυμήθηκα** όλες τις καλές στιγμές που πέρασα με τους φίλους μου. Περπατούσαμε πάντα μαζί στο σπίτι και μιλούσαμε για τη μέρα μας. **Μερικές φορές** σταματούσαμε για παγωτό ή πηγαίναμε στο πάρκο. Αυτές ήταν οι καλύτερες στιγμές. Μου λείπουν αυτές οι στιγμές. Αλλά τώρα έχω τη δική μου οικογένεια και είμαι ευτυχισμένη με τη ζωή μου. Χαίρομαι που μπορώ να αναπολώ αυτές τις αναμνήσεις και να χαμογελάω. Είναι ένα κομμάτι της ζωής μου που θα αγαπώ πάντα. Αυτές ήταν οι καλύτερες στιγμές. Μου λείπουν αυτές οι στιγμές. Αλλά τώρα έχω τη δική μου οικογένεια και είμαι ευτυχισμένη με τη ζωή μου. Χαίρομαι που μπορώ να αναπολώ αυτές τις **αναμνήσεις** και να χαμογελάω. Είναι ένα κομμάτι της ζωής μου που θα αγαπώ πάντα.

Συνεχίζω να περπατάω, σκεπτόμενος τις καλές στιγμές

Walking Home

C'était une nuit **paisible** alors que je rentrais du travail. En marchant, je ne pouvais m'empêcher de sourire aux souvenirs. C'était bon d'être de retour dans mon ancien quartier. J'ai salué quelques personnes que je connaissais, et elles m'ont salué en retour. C'était bon d'être chez soi. Je suis passé devant mon ancienne école et je **me suis souvenu de** tous les bons moments que j'ai passés avec mes amis. On rentrait toujours ensemble à la maison et on parlait de notre journée. **Parfois,** on s'arrêtait pour acheter une glace ou aller au parc. C'était les meilleurs moments. Ces moments me manquent. Mais maintenant, j'ai ma propre famille et je suis heureuse de ma vie. Je suis heureux de pouvoir repenser à ces souvenirs et de sourire. Ils font partie de ma vie et je les chérirai toujours. C'était les meilleurs moments. Ils me manquent. Mais maintenant, j'ai ma propre famille et je suis heureux de ma vie. Je suis heureux de pouvoir repenser à ces **souvenirs** et de sourire. Ils font partie de ma vie et je les chérirai toujours.

Je continue à marcher, en pensant aux bons moments que j'al passés avec mes amis. Je sais que je les

που πέρασα με τους φίλους μου. Ξέρω ότι θα τους
ξαναδώ σύντομα. Κατευθύνομαι προς το σπίτι μου
και αποφασίζω να περπατήσω σε ένα κοντινό πάρκο.
Ο ήλιος δύει και ο ουρανός έχει πάρει ένα **όμορφο**
πορτοκαλί χρώμα. Το πάρκο είναι άδειο, εκτός από
μερικά πουλιά που κελαηδούν στα δέντρα. Παίρνω μια
βαθιά **ανάσα** και χαμογελάω. Καθώς περπατάω μέσα
στο πάρκο, βλέπω ένα πεφταστέρι να διαγράφει τον
ουρανό. Έκανα μια ευχή σε αυτό το αστέρι και συνέχισα
να περπατάω. Σκέφτομαι τη μέρα μου στη δουλειά
και πόσο **γαλήνια** ήταν. Χαμογελάω στον εαυτό μου,
σκεπτόμενος πόσο τυχερή είμαι που έχω μια τόσο καλή
δουλειά. Περπατάω στο σπίτι, **νιώθοντας** τον δροσερό
νυχτερινό αέρα στο δέρμα μου. Νιώθω τόσο ζωντανή
και ευτυχισμένη, απολαμβάνοντας την απλή πράξη του
να περπατάω στο σπίτι μου μια ήσυχη νύχτα.
Ένιωσα τόσο καλά, που άρχισα να **σφυρίζω**.
Προσπέρασα μερικούς ανθρώπους στο δρόμο, αλλά
όλοι κοιτούσαν τη δουλειά τους.

Γύρισα στη γωνία του δρόμου μου και είδα τη γάτα
του γείτονά μου, τον κύριο Whiskers, να κάθεται στη
βεράντα μου. Τον χαιρέτησα και μου νιαούρισε κι
εκείνος. **Ξεκλείδωσα την** πόρτα μου και μπήκα μέσα.
Ήμουν τόσο χαρούμενη που ήμουν σπίτι. Έβγαλα
τα παπούτσια μου και ετοιμάστηκα για ύπνο. Πήγα
για ύπνο εκείνο το βράδυ νιώθοντας ευτυχισμένη και
ευγνώμων, με την καρδιά μου γεμάτη αγάπη.

reverrai bientôt. Je me dirige vers ma maison et décide de me promener dans un parc à proximité. Le soleil se couche et le ciel prend une **belle** couleur orange. Le parc est vide, à l'exception de quelques oiseaux qui gazouillent dans les arbres. Je prends une profonde **inspiration** et je souris. Alors que je marche dans le parc, je vois une étoile filante traverser le ciel. J'ai fait un vœu sur cette étoile et j'ai continué à marcher. Je pense à ma journée de travail et au **calme qui** y régnait. Je souris à moi-même, en pensant à la chance que j'ai d'avoir un si bon travail. Je rentre chez moi, en **sentant l'**air frais de la nuit sur ma peau. Je me sens si vivante et heureuse, profitant du simple fait de rentrer chez moi par une nuit paisible. Je me sentais si bien que j'ai commencé à **siffler**. Je suis passé devant quelques personnes dans la rue, mais elles s'occupaient toutes de leurs affaires.

J'ai tourné le coin de ma rue et j'ai vu le chat de mon voisin, M. Whiskers, assis sur mon porche. Je lui ai dit bonjour et il miaulait en retour. J'ai **déverrouillé** ma porte et je suis entrée. J'étais si heureuse d'être chez moi. J'ai enlevé mes chaussures et me suis préparée pour aller me coucher. Je me suis couchée ce soir-là, heureuse et reconnaissante, le cœur plein d'amour.

Ερωτήσεις κατανόησης

1. Τι έκανε ο πρωταγωνιστής όταν ξεκίνησε η ιστορία;

2. Τι σκέφτηκε ο πρωταγωνιστής όταν περπατούσε στο σπίτι του;

3. Τι συνήθιζε να κάνει ο πρωταγωνιστής με τους φίλους του μετά το σχολείο;

4. Τι λείπει στον πρωταγωνιστή από εκείνες τις εποχές;

5. Τι σκέφτεται ο πρωταγωνιστής για την τρέχουσα ζωή του;

6. Τι κάνει ο πρωταγωνιστής όταν βλέπει ένα πεφταστέρι;

7. Πώς αισθάνεται ο πρωταγωνιστής όταν περπατάει στο σπίτι του;

8. Τι κάνει ο πρωταγωνιστής όταν επιστρέφει στο σπίτι;

9. Πώς αισθάνεται ο πρωταγωνιστής όταν ξυπνάει το επόμενο πρωί;

10. Τι κάνει ο πρωταγωνιστής την επόμενη μέρα;

Questions de compréhension

1. Que faisait le protagoniste au début de l'histoire ?

2. À quoi le protagoniste a-t-il pensé en rentrant chez lui ?

3. Qu'est-ce que le protagoniste avait l'habitude de faire avec ses amis après l'école ?

4. Qu'est-ce que le protagoniste regrette de cette époque ?

5. Que pense le protagoniste de sa vie actuelle ?

6. Que fait le protagoniste lorsqu'il voit une étoile filante ?

7. Que ressent le protagoniste lorsqu'il rentre à pied chez lui ?

8. Que fait le protagoniste lorsqu'il rentre chez lui ?

9. Que ressent le protagoniste lorsqu'il se réveille le lendemain matin ?

10. Que fait le protagoniste le lendemain ?

Το κάστρο

Η οικογένεια ήθελε πάντα να επισκεφθεί ένα παλιό κάστρο στη **Γερμανία** και τελικά πραγματοποίησαν το ταξίδι. Δεν **απογοητεύτηκαν**. Το κάστρο ήταν πανέμορφο και τους άρεσε να εξερευνούν τα πολλά δωμάτια και τους διαδρόμους του. Το πρώτο πράγμα που τους έκανε εντύπωση ήταν η μυρωδιά. Βρήκαν **μούχλα**, υγρασία και κάτι άλλο που δεν μπορούσαν να προσδιορίσουν. Το δεύτερο πράγμα ήταν ο ήχος. Οι πέτρινοι τοίχοι είναι χοντροί, αλλά δεν αποσβένουν εντελώς τον ήχο. Άκουσαν κάθε βήμα, κάθε λέξη που ειπώθηκε με κανονική φωνή και το περιστασιακό στάξιμο νερού **κάπου στο** βάθος. Καθώς τα μάτια τους προσαρμόστηκαν στο αμυδρό φως, είδαν ογκώδεις πέτρινους τοίχους να ξεπροβάλλουν γύρω τους, με ταπισερί να κρέμονται από αυτούς σε **σκισμένα** κομμάτια. Στεκόντουσαν σε μια τεράστια αίθουσα με ψηλή οροφή που υποστηριζόταν από σκαλιστούς κίονες. Τους άρεσε επίσης η θέα από τους πυργίσκους, και τα παιδιά πέρασαν υπέροχα τρέχοντας στους χώρους. Ο **ήλιος** είχε αρχίσει να δύει όταν τελείωσαν την εξερεύνηση του κάστρου και μετάνιωσαν που δεν είχαν φέρει **φακό**. Αποφάσισαν να επιστρέψουν στην είσοδο, αλλά σύντομα βρέθηκαν χαμένοι. Περιπλανήθηκαν για ώρες, ώσπου τελικά βρήκαν μια πόρτα που οδηγούσε έξω. Συνέχισαν μέχρι που

Le château

La famille avait toujours voulu visiter un vieux château en **Allemagne**, et elle a finalement fait le voyage. Ils n'ont pas été **déçus**. Le château était magnifique, et ils ont pris plaisir à explorer ses nombreuses pièces et couloirs. La première chose qui les frappe est l'odeur. Ils ont trouvé de la **moisissure**, de l'humidité et quelque chose d'autre qu'ils n'ont pas réussi à identifier. La deuxième chose a été le son. Les murs de pierre sont épais, mais ils n'étouffent pas complètement le son. Ils ont entendu chaque pas, chaque mot prononcé d'une voix normale, et le goutte-à-goutte occasionnel de l'eau **quelque part** au loin. Lorsque leurs yeux se sont adaptés à la faible lumière, ils ont vu des murs de pierre massifs se dresser tout autour d'eux, des tapisseries en **lambeaux y étant** suspendues. Ils se tenaient dans un immense hall avec un haut plafond soutenu par des piliers sculptés. Ils ont également aimé les vues depuis les tourelles, et les enfants ont eu beaucoup de plaisir à courir dans le parc. Le **soleil** avait commencé à se coucher lorsqu'ils ont fini d'explorer le château, et ils ont regretté de ne pas avoir apporté de **lampe de poche**. Ils ont décidé de retourner à l'entrée, mais ils se sont vite perdus. Ils errent pendant des heures, jusqu'à ce qu'ils trouvent enfin une porte qui mène à l'extérieur. Ils ont continué jusqu'à ce qu'ils **atteignent le** bout du

έφτασαν στο τέλος του διαδρόμου και έφτασαν σε μια επιβλητική διπλή πόρτα. Όσο κι αν προσπαθούσαν, οι πόρτες δεν μετακινούνταν. Χτυπούσαν **απειλητικά**, αλλά δεν κουνιόντουσαν ούτε εκατοστό. Φαινόταν ότι όποιος ήταν εδώ πριν, πρέπει να πέρασε από εδώ και να τις κλείδωσε από μέσα. Τελικά, βρίσκουν μια διέξοδο. Η ανακούφιση τους κατέκλυσε καθώς βγήκαν στον δροσερό νυχτερινό αέρα.

Ο ήλιος είχε αρχίσει να δύει και **μετάνιωσαν** που δεν είχαν φέρει φακό. Αποφάσισαν να επιστρέψουν στην είσοδο, αλλά σύντομα βρέθηκαν χαμένοι. Περιπλανήθηκαν για ώρες, ώσπου τελικά βρήκαν μια πόρτα που οδηγούσε **έξω**. Η ανακούφιση τους κατέκλυσε καθώς βγήκαν στον δροσερό νυχτερινό αέρα. Το επόμενο βράδυ, φρόντισαν να πάρουν μαζί τους έναν φακό καθώς εξερευνούσαν το υπόλοιπο κάστρο. Περπάτησαν μέσα από την **αυλή** και κατέβηκαν στο ποτάμι που έτρεχε πίσω από τα τείχη του **κάστρου.** Καθώς περπατούσαν τριγύρω, άρχισαν να ακούν παράξενους θορύβους. Ακουγόταν σαν κάποιος να τους ακολουθούσε. Επιτάχυναν το βηματισμό τους, αλλά οι θόρυβοι γίνονταν όλο και πιο δυνατοί και πλησίαζαν. Η οικογένεια έτρεξε πίσω στο κάστρο όσο πιο γρήγορα μπορούσε, και ανακουφίστηκαν όταν είδαν ότι η φιγούρα με τον **σκοτεινό** μανδύα δεν τους είχε ακολουθήσει.

couloir et arrivent à une imposante série de doubles portes. Ils ont beau essayer, les portes ne bougent pas. Elles cliquettent **sinistrement** mais ne bougent pas d'un pouce. On dirait que celui qui était ici avant a dû passer par là et les verrouiller de l'intérieur. Finalement, ils ont trouvé un moyen de sortir. Le soulagement les envahit alors qu'ils sortent dans l'air frais de la nuit.

Le soleil avait commencé à se coucher, et ils **regrettaient de ne pas avoir** apporté de lampe de poche. Ils ont décidé de retourner à l'entrée, mais ils se sont vite perdus. Ils ont erré pendant ce qui leur a semblé être des heures, jusqu'à ce qu'ils trouvent enfin une porte qui menait à **l'extérieur**. Le soulagement les a envahis alors qu'ils sortaient dans l'air frais de la nuit. Le lendemain soir, ils ont pris soin d'emporter une lampe de poche pour explorer le reste du château. Ils ont traversé la **cour** et sont descendus jusqu'à la rivière qui coulait derrière les murs du **château**. Alors qu'ils se promenaient, ils ont commencé à entendre des bruits étranges. On aurait dit que quelqu'un les suivait. Ils accélèrent le pas, mais les bruits deviennent plus forts et plus proches. Les membres de la famille courent vers le château aussi vite qu'ils le peuvent, et ils sont soulagés de voir que la silhouette au manteau **sombre** ne les a pas suivis.

Ερωτήσεις κατανόησης

1. Τι έκανε η οικογένεια όταν χάθηκε στο κάστρο;

2. Πώς αισθάνθηκε η οικογένεια όταν έμαθε ότι επρόκειτο για έναν ντόπιο;

3. Τι έκανε ο άνδρας και συνελήφθη;

4. Ποια ήταν η ποινή για τον άνδρα;

5. Τι θόρυβο άκουσε η οικογένεια ενώ περπατούσε;

6. Πού βρισκόταν η φιγούρα με τον σκοτεινό μανδύα όταν τον είδε η οικογένεια;

7. Τι έκανε η οικογένεια όταν επέστρεψε στο δωμάτιό της;

8. Πότε η οικογένεια πήγε να εξερευνήσει ξανά το κάστρο;

9. Τι ήταν αυτό που η οικογένεια δεν μπορούσε να προσδιορίσει;

10. Τι έκανε η οικογένεια πριν εξερευνήσει ξανά το κάστρο;

Questions de compréhension

1. Qu'a fait la famille lorsqu'elle s'est perdue dans le château ?

2. Comment la famille s'est-elle sentie quand elle a découvert que c'était juste un homme du coin ?

3. Qu'a fait l'homme qui a été arrêté ?

4. Quelle a été la sentence pour cet homme ?

5. Quel bruit la famille a-t-elle entendu pendant qu'elle marchait ?

6. Où était le personnage au manteau sombre quand la famille l'a vu ?

7. Qu'a fait la famille en rentrant dans sa chambre ?

8. Quand la famille est-elle repartie explorer le château ?

9. Quelle était la chose sur laquelle la famille n'arrivait pas à mettre le doigt ?

10. Qu'a fait la famille avant de retourner explorer le château ?

Ο κήπος μου

Ο κήπος μου είναι το ευτυχισμένο μου μέρος. Βγαίνω εκεί έξω κάθε μέρα, είτε βρέχει είτε βρέχει, και περνάω χρόνο φροντίζοντας τα φυτά μου. Έχω λίγο απ' **όλα - λαχανικά**, φρούτα, λουλούδια, βότανα. Έχω ακόμη και μερικές κότες που βοηθούν να κρατήσω τα παράσιτα μακριά. Ξεκινάω τις μέρες μου στον κήπο μαζεύοντας αυγά από τις κότες. Στη συνέχεια ελέγχω τα λαχανικά μου, φροντίζοντας να έχουν αρκετό νερό και ήλιο. Ξεχορταριάζω τα παρτέρια και απομακρύνω τυχόν ζωύφια που μπορεί να **προσβάλλουν** τα φυτά. Μόλις **τακτοποιηθούν όλα**, κάθομαι και απολαμβάνω την ηρεμία και την ησυχία της φύσης.

Πάντα μου άρεσε να περνάω χρόνο στον κήπο μου. Υπάρχει κάτι στο να είσαι περιτριγυρισμένος από τη φύση και όλη την **ομορφιά** που έχει να σου προσφέρει. Θεωρώ ότι είναι ένα πολύ γαλήνιο και ηρεμιστικό μέρος. Συχνά περνάω χρόνο στον κήπο μου χαλαρώνοντας και απολαμβάνοντας το τοπίο. Μου αρέσει επίσης να εργάζομαι στον κήπο μου και να καλλιεργώ πράγματα. Έχω έναν αρκετά μεγάλο κήπο και μου αρέσει να καλλιεργώ **διάφορα πράγματα** σε αυτόν. Καλλιεργώ λουλούδια, **λαχανικά** και βότανα. Έχω επίσης μερικά οπωροφόρα δέντρα που παράγουν νόστιμα μήλα, αχλάδια και δαμάσκηνα. Εκτός από την καλλιέργεια,

Mon jardin

Mon jardin est mon coin de paradis. J'y vais tous les jours, qu'il pleuve ou qu'il vente, et je passe du temps à m'occuper de mes plantes. J'ai un peu de **tout :** **légumes**, fruits, fleurs, herbes. J'ai même quelques poules qui m'aident à tenir les parasites à distance. Je commence mes journées dans le jardin en ramassant les œufs des poules. Puis je vérifie que mes légumes reçoivent suffisamment d'eau et de soleil. Je désherbe les plates-bandes et j'élimine les insectes qui pourraient **attaquer** les plantes. Une fois que **tout est** fait, je m'assois et je profite de la paix et du calme de la nature.

J'ai toujours aimé passer du temps dans mon jardin. Il y a quelque chose dans le fait d'être entouré par la nature et toute la **beauté qu**'elle a à offrir. Je trouve que c'est un endroit très paisible et apaisant. Je passe souvent du temps dans mon jardin à me détendre et à profiter du paysage. J'aime aussi travailler dans mon jardin et faire pousser des choses. J'ai un jardin d'assez bonne taille et j'aime y faire pousser toutes **sortes** de choses. Je fais pousser des fleurs, des **légumes** et des herbes aromatiques. J'ai aussi quelques arbres fruitiers qui produisent de délicieuses pommes, poires et prunes. En plus de faire pousser des choses, j'aime aussi passer du temps à me promener dans mon jardin,

μου αρέσει επίσης να περνάω χρόνο περπατώντας στον κήπο μου, **θαυμάζοντας** όλα τα διαφορετικά φυτά και ζώα που τον αποκαλούν σπίτι τους. Έχω ξοδέψει πολλές ώρες όλα αυτά τα χρόνια δουλεύοντας για να μετατρέψω τον **κήπο μου σε** ένα μέρος που δεν είναι μόνο όμορφο αλλά και λειτουργικό. Λατρεύω να παρακολουθώ τα πουλιά που πετούν γύρω μου και να τα ακούω να τραγουδούν. Μερικές φορές μάλιστα βγάζω ένα βιβλίο και διαβάζω στον κήπο, ενώ περιβάλλομαι από όλη την ομορφιά που έχω δημιουργήσει. **Η κηπουρική** είναι το πάθος μου και μου προσφέρει τόση χαρά. Κάθε μέρα στον κήπο μου είναι μια καλή μέρα.

Ένα από τα πράγματα που μου αρέσει να κάνω είναι να μαγειρεύω, οπότε το να έχω έναν καλά εφοδιασμένο κήπο με βότανα είναι πολύ **σημαντικό** για μένα. Το θυμάρι, ο βασιλικός, η ρίγανη, το δεντρολίβανο, το φασκόμηλο και η λεβάντα είναι μερικά μόνο από τα βότανα που μου αρέσει να καλλιεργώ στον κήπο μου, ώστε να μπορώ να τα χρησιμοποιώ όταν μαγειρεύω για τον εαυτό μου ή για **τους καλεσμένους μου**. Ένα άλλο πράγμα που είναι σημαντικό για μένα όταν πρόκειται για τον κήπο μου είναι να διασφαλίσω ότι υπάρχει άφθονο χρώμα σε όλο τον κήπο μου. Για να επιτύχω αυτόν τον στόχο, καλλιεργώ μια μεγάλη ποικιλία λουλουδιών, όπως **τριαντάφυλλα**, κρίνα, μαργαρίτες, τουλίπες, impatiens, κατιφέδες κ.λπ.

à **admirer** toutes les plantes et tous les animaux qui y vivent. J'ai passé de nombreuses heures au fil des ans à faire de mon **jardin** un endroit non seulement beau mais aussi fonctionnel. J'aime regarder les oiseaux voltiger et les écouter chanter. Parfois, je sors même un livre et je lis dans le jardin, entourée de toute la beauté que j'ai créée. Le **jardinage** est ma passion et il m'apporte tant de joie. Chaque jour dans mon jardin est un bon jour.

L'une des choses que j'aime faire, c'est cuisiner. Il est donc très **important pour moi d'**avoir un jardin d'herbes aromatiques bien garni. Le thym, le basilic, l'origan, le romarin, la sauge et la lavande sont quelques-unes des herbes que j'aime faire pousser dans mon jardin pour pouvoir les utiliser lorsque je prépare des repas pour moi ou pour mes **invités**. Une autre chose qui est importante pour moi quand il s'agit de mon jardin, c'est de m'assurer qu'il y a beaucoup de couleurs dans tout le jardin. Pour atteindre cet objectif, je cultive une grande variété de fleurs, notamment des **roses**, des lys, des marguerites, des tulipes, des impatiens, des soucis, etc.

Ερωτήσεις κατανόησης

1. Πού βρίσκεται ο κήπος του συγγραφέα;

2. Πόσες κότες έχει ο συγγραφέας;

3. Τι κάνει ο συγγραφέας στον κήπο κάθε μέρα;

4. Γιατί αρέσει στον συγγραφέα ο κήπος;

5. Ποια βότανα φυτεύει ο συγγραφέας στον κήπο;

6. Γιατί είναι σημαντικό για τον συγγραφέα να υπάρχουν πολλά χρώματα στον κήπο του;

7. Πώς ο συγγραφέας φέρνει ποικιλία στον κήπο του;

8. Πώς αισθάνεται ο συγγραφέας όταν εργάζεται στον κήπο του;

9. Τι κάνει τον συγγραφέα να αισθάνεται συνδεδεμένος όταν βρίσκεται στον κήπο του;

10. Γιατί κάθε μέρα στον κήπο του συγγραφέα είναι μια καλή μέρα;

Questions de compréhension

1. Où se trouve le jardin de l'auteur ?

2. Combien de poulets l'auteur possède-t-il ?

3. Que fait l'auteur dans le jardin tous les jours ?

4. Pourquoi l'auteur aime-t-il le jardin ?

5. Quelles herbes l'auteur plante-t-il dans le jardin ?

6. Pourquoi est-il important pour l'auteur qu'il y ait beaucoup de couleurs dans son jardin ?

7. Comment l'auteur apporte-t-il de la variété à son jardin?

8. Que ressent l'auteur lorsqu'il travaille dans son jardin?

9. Qu'est-ce qui fait que l'auteur se sent connecté quand il est dans son jardin ?

10. Pourquoi chaque jour dans le jardin de l'auteur est-il un bon jour ?

Πηγαίνοντας για ψώνια

Μου αρέσει να πηγαίνω για **ψώνια** στο εμπορικό κέντρο. Είναι πάντα πολύ διασκεδαστικό να περπατάς και να κοιτάς όλα τα διαφορετικά καταστήματα. Υπάρχει κάτι για όλους στο εμπορικό κέντρο, και είναι πάντα ένα εξαιρετικό μέρος για να βρεις προσφορές σε ρούχα, παπούτσια και αξεσουάρ. **Συνήθως** ξεκινάω το ταξίδι μου για ψώνια περπατώντας από την κεντρική **είσοδο** του εμπορικού κέντρου. Από εκεί, κατευθύνομαι πρώτα στα αγαπημένα μου καταστήματα. Αφού ρίξω μια ματιά σε αυτά τα καταστήματα, περπατάω τριγύρω και βλέπω αν υπάρχουν εκπτώσεις σε άλλα σημεία. Συνήθως καταλήγω να περνάω μερικές ώρες στο εμπορικό κέντρο πριν κάνω τελικά τις αγορές μου. Μου αρέσει πάντα να παίρνω το χρόνο μου όταν ψωνίζω, **γιατί** θέλω να είμαι σίγουρη ότι παίρνω **ακριβώς** αυτό που θέλω. Επιπλέον, είναι πιο διασκεδαστικό έτσι!

Το βρίσκω πάντα τόσο **συναρπαστικό** να παρατηρώ τον κόσμο όταν βρίσκομαι στο εμπορικό κέντρο. Μπορείς πραγματικά να καταλάβεις πολλά για έναν άνθρωπο από τον τρόπο που ψωνίζει. Μερικοί άνθρωποι είναι πολύ μεθοδικοί και παίρνουν το χρόνο τους, ενώ άλλοι φαίνεται να αρπάζουν **ό,τι** μπορούν και

Faire du shopping

J'adore aller **faire du shopping** au centre commercial. C'est toujours très amusant de se promener et de regarder tous les différents magasins. Il y en a pour tous les goûts au centre commercial et c'est toujours l'endroit idéal pour faire des affaires sur les vêtements, les chaussures et les accessoires. Je commence **généralement** mon shopping en passant par l'**entrée** principale du centre commercial. De là, je me dirige d'abord vers mes magasins préférés. Après avoir fait le tour de ces magasins, je me promène pour voir s'il y a des soldes dans d'autres endroits. Je finis généralement par passer quelques heures dans le centre commercial avant de faire mes achats. J'aime toujours prendre mon temps lorsque je fais du shopping, **car** je veux être sûre d'obtenir **exactement** ce que je veux. En plus, c'est plus amusant comme ça !

Je trouve toujours **fascinant** d'observer les gens quand je suis au centre commercial. On peut vraiment en apprendre beaucoup sur une personne par sa façon de faire ses courses. Certaines personnes sont très méthodiques et prennent leur temps, tandis que d'autres semblent prendre **tout ce qu'**elles peuvent

να κατευθύνονται στο ταμείο όσο πιο γρήγορα γίνεται. Υπάρχουν επίσης και εκείνοι οι αγοραστές που φαίνεται να ενδιαφέρονται περισσότερο να μιλούν στο κινητό τους ή να στέλνουν μηνύματα παρά να κοιτάζουν τα εμπορεύματα! Ανεξάρτητα από το είδος του αγοραστή που είστε, όμως, όλοι φαίνεται να απολαμβάνουν τις αγορές από τις βιτρίνες - ακόμη και αν δεν αγοράζουν τίποτα. Υπάρχει κάτι που με κάνει ευτυχισμένη όταν κοιτάζω όλα τα όμορφα πράγματα στις **βιτρίνες των** καταστημάτων. Μερικές φορές φαντάζομαι πώς θα ήταν αν μπορούσα να αγοράσω **όλα όσα** βλέπω! Εν κατακλείδι, το να περνάω μια μέρα για ψώνια στο εμπορικό κέντρο είναι μια από τις αγαπημένες μου ασχολίες. Είναι ένας πολύ καλός τρόπος για να χαλαρώσετε και να ξεκουραστείτε, ενώ παράλληλα γυμνάζεστε και λίγο (αν περπατάτε αρκετά). Επιπλέον, είναι **πάντα** ωραίο να κάνεις δώρο στον εαυτό σου ένα νέο πουκάμισο ή ένα ζευγάρι παπούτσια κάθε τόσο!

Είχα μια **κουραστική** μέρα στη δουλειά και επιτέλους είχα λίγο χρόνο για τον εαυτό μου, οπότε αποφάσισα να πάω για ψώνια στο εμπορικό κέντρο. Χρειαζόμουν μερικά νέα ρούχα για την **επερχόμενη** σεζόν. Μόλις μπήκα μέσα, είδα όλα τα λαμπερά φώτα και τις γυαλιστερές βιτρίνες των καταστημάτων. Κατευθύνθηκα πρώτα στο αγαπημένο μου κατάστημα και άρχισα να περιηγούμαι στα ράφια. Βρήκα μερικά χαριτωμένα μπλουζάκια και τα δοκίμασα στο δοκιμαστήριο.

et se diriger vers la caisse aussi vite que possible. Il y a aussi les acheteurs qui semblent plus intéressés à parler au téléphone portable ou à envoyer des SMS qu'à regarder la marchandise ! Quel que soit le type d'acheteur, tout le monde semble apprécier le lèche-vitrine, même si vous n'achetez rien. Il y a quelque chose qui me rend heureuse dans le fait de regarder toutes ces jolies choses dans les **vitrines des magasins**. Parfois, je m'imagine comment ce serait si je pouvais m'offrir **tout ce que** je vois ! En fin de compte, passer une journée à faire du shopping au centre commercial est l'un de mes passe-temps favoris. C'est un excellent moyen de se détendre et de se relaxer tout en faisant un peu d'exercice (si vous marchez suffisamment). Et puis, c'est **toujours** agréable de s'offrir une nouvelle chemise ou une nouvelle paire de chaussures de temps en temps !

J'ai eu une **longue** journée de travail et j'ai enfin eu du temps pour moi, alors j'ai décidé d'aller faire du shopping au centre commercial. J'avais besoin de nouveaux vêtements pour la saison **à venir**. Dès que je suis entrée, j'ai vu toutes les lumières vives et les façades brillantes des magasins. Je me suis dirigée vers mon magasin préféré en premier et j'ai commencé à parcourir les rayons. J'ai trouvé quelques jolis hauts et les ai essayés dans la cabine d'essayage.

Ερωτήσεις κατανόησης

1. Πού σας αρέσει να αποθηκεύετε περισσότερο;

2. Ποιο είναι το αγαπημένο σας κατάστημα στο εμπορικό κέντρο;

3. Πόση ώρα μένετε συνήθως στο εμπορικό κέντρο;

4. Τι πιστεύετε για τους ανθρώπους που περνούν πολύ χρόνο στο εμπορικό κέντρο;

5. Ποιο είναι το αγαπημένο σας πράγμα που κάνετε στο εμπορικό κέντρο;

6. Έχετε αγοράσει ποτέ κάτι στο εμπορικό κέντρο ενώ δεν το χρειαζόσασταν πραγματικά;

7. Πώς αντιδράτε όταν βλέπετε στο εμπορικό κέντρο κάτι που θα σας άρεσε πολύ, αλλά είναι πολύ ακριβό;

8. Έχετε δει ποτέ κάτι στο εμπορικό κέντρο και αναρωτηθήκατε ποιος θα το αγόραζε;

9. Ποια είναι η γνώμη σας για τους ανθρώπους που είναι απασχολημένοι με τα κινητά τους τηλέφωνα στο εμπορικό κέντρο αντί να κοιτάζουν τα καταστήματα;

Questions de compréhension

1. Où aimez-vous le plus stocker ?

2. Quel est votre magasin préféré dans le centre commercial ?

3. Combien de temps restez-vous habituellement au centre commercial ?

4. Que pensez-vous des personnes qui passent beaucoup de temps au centre commercial ?

5. Quelle est votre activité préférée au centre commercial ?

6. Avez-vous déjà acheté quelque chose au centre commercial alors que vous n'en aviez pas vraiment besoin ?

7. Comment réagissez-vous lorsque vous voyez au centre commercial un article que vous aimeriez vraiment, mais qui est trop cher ?

8. Avez-vous déjà vu quelque chose au centre commercial en vous demandant qui l'achèterait ?

9. Que pensez-vous des personnes qui sont occupées avec leur téléphone portable dans les centres commerciaux au lieu de regarder les magasins ?

Στην αγορά

Ξυπνάω νωρίς το πρωί του Σαββάτου, ανυπομονώντας να πάω στην **αγορά** πριν γίνει πολύς κόσμος. Φοράω μερικά ρούχα και βγαίνω από την πόρτα, παίρνοντας τις επαναχρησιμοποιούμενες τσάντες μου στο δρόμο. Καθώς περπατάω, αρχίζω να σχεδιάζω τι θέλω να φτιάξω για την εβδομάδα που έρχεται. Ξέρω ότι θέλω να **ψήσω** λαχανικά τουλάχιστον μία φορά, οπότε θα πρέπει να αγοράσω λαχανικά καλής ποιότητας. Θέλω επίσης να φτιάξω μια σούπα ή ένα στιφάδο, οπότε θα πρέπει να πάρω και κρέας. Θα πρέπει να δω τι φαίνεται καλό όταν φτάσω εκεί. Η αγορά είναι μόνο μερικά τετράγωνα μακριά, και μπορώ ήδη να δω τους πάγκους που έχουν στηθεί και τον **κόσμο που** κυκλοφορεί.

Φτάνω στην αγορά και κατευθύνομαι κατευθείαν στον πάγκο με τα λαχανικά. Η ποικιλία είναι πανέμορφη και γεμίζω τις σακούλες μου με μια ποικιλία **φρέσκων** προϊόντων. Κουβεντιάζω για λίγο με τον αγρότη και μου προτείνει μερικές συνταγές. Είμαι ενθουσιασμένη να τις δοκιμάσω. Κουβεντιάζω με τους **αγρότες** καθώς ψωνίζω, γνωρίζοντας τους ίδιους και τα προϊόντα τους. Αφού έχω όλα τα λαχανικά που χρειάζομαι, προχωρώ στο τμήμα κρέατος. Εδώ είμαι λίγο πιο διστακτική, καθώς δεν είμαι σίγουρη για το τι θέλω να πάρω. Τελικά αποφασίζω για το κοτόπουλο, επειδή είναι ευέλικτο

Au marché

Je me réveille tôt le samedi matin, impatiente de me rendre au **marché** avant qu'il ne soit trop fréquenté. Je m'habille et je sors, en prenant mes sacs réutilisables en chemin. En marchant, je commence à planifier ce que je veux faire pour la semaine à venir. Je sais que je veux faire **rôtir des** légumes au moins une fois, donc je vais devoir acheter des légumes de bonne qualité. Je veux aussi faire une soupe ou un ragoût, et je vais donc devoir acheter de la viande. Je verrai bien ce qui me semble bon quand je serai sur place. Le marché n'est qu'à quelques rues d'ici, et je vois déjà les étals installés et les **gens qui** s'agitent.

J'arrive au marché et me dirige directement vers le stand des légumes. La sélection est magnifique, et je remplis mes sacs d'une variété de produits **frais**. Je discute un peu avec le fermier et il me recommande quelques recettes. J'ai hâte de les essayer. Je discute avec les **agriculteurs** pendant que je fais mes courses, pour apprendre à les connaître et à connaître leurs produits. Après avoir acheté tous les légumes dont j'ai besoin, je passe à la section des viandes. Je suis un peu plus hésitante, car je ne suis pas sûre de ce que je veux acheter. J'opte finalement pour du poulet, car il est polyvalent et peut être utilisé dans de nombreux plats. J'achète également quelques morceaux de

και μπορεί να χρησιμοποιηθεί σε διάφορα πιάτα. Αγοράζω επίσης μερικά διαφορετικά κομμάτια κρέατος, φροντίζοντας να πάρω βοδινό κρέας από βοσκή χόρτου και **κοτόπουλο** ελευθέρας βοσκής. Ο χασάπης ήταν ένας φιλικός άνθρωπος, πάντα χαρούμενος παρά τις πολλές ώρες που δούλευε. Τύλιξε τα στήθη κοτόπουλου και τη μπριζόλα μου πριν μου μιλήσει για τα σχέδια του Σαββατοκύριακου. Τον αποχαιρέτησα και συνέχισα το δρόμο μου. Αγόρασα επίσης μερικά αυγά και τυρί από το τμήμα γαλακτοκομικών προϊόντων.

Η αγορά έσφυζε από κόσμο, όλοι τους ανυπόμονοι να πάρουν στα **χέρια** τους τα φρέσκα προϊόντα και το κρέας που προσφέρονταν. Ο αέρας μύριζε σκόρδο και κρεμμύδια και ο ήχος από τα γέλια και τις συζητήσεις γέμιζε τον αέρα. Περνούσα μέσα από το πλήθος, διαλέγοντας τα υπόλοιπα είδη που χρειαζόμουν για το εβδομαδιαίο μου ψώνιο. Γέμισα το **καλάθι** μου με φρούτα και λαχανικά, ζυμαρικά και ψωμί, πριν κατευθυνθώ προς το ταμείο. Η ουρά ήταν μεγάλη, αλλά προχωρούσε γρήγορα. Τελικά, τα τελευταία **ψώνια** είχαν αγοραστεί και ήταν ώρα να πάω σπίτι. Το αυτοκίνητο φορτώθηκε, και η διαδρομή μέχρι το σπίτι ήταν μακρά και κουραστική. Η κίνηση ήταν έντονη και η ζέστη καταπιεστική. Τελικά, το αυτοκίνητο μπήκε στο δρόμο και η ανακούφιση ήταν αισθητή. Το σπίτι ήταν δροσερό και ήσυχο, και ήταν ένα καταφύγιο μετά τη **φασαρία** της αγοράς.

viande différents, en veillant à prendre du bœuf nourri à l'herbe et du **poulet** élevé en plein air. Le boucher est un homme sympathique, toujours de bonne humeur malgré ses longues heures de travail. Il a emballé mes blancs de poulet et mon steak avant de me parler de ses projets pour le week-end. Je lui ai dit au revoir et j'ai continué mon chemin. J'ai également acheté des œufs et du fromage au rayon produits laitiers.

Le marché grouille de gens, tous impatients de mettre la **main sur les** produits frais et la viande proposés. L'odeur de l'ail et des oignons flottait dans l'air, et le son des rires et des conversations était omniprésent. Je me suis frayé un chemin dans la foule, en choisissant les autres articles dont j'avais besoin pour mes courses de la semaine. J'ai rempli mon **panier** de fruits et légumes, de pâtes et de pain, avant de me diriger vers la caisse. La file d'attente est longue, mais elle avance rapidement. Enfin, j'ai acheté les dernières **provisions et il est** temps de rentrer à la maison. La voiture est chargée, et le chemin du retour est long et fastidieux. La circulation est dense et la chaleur est accablante. Enfin, la voiture se gare dans l'allée et le soulagement est palpable. La maison était fraîche et calme, et c'était un havre de paix après l'**agitation** du marché.

Ερωτήσεις κατανόησης

1. Πού πηγαίνει το άτομο;

2. Τι θέλει να αγοράσει το άτομο;

3. Πόσες τσάντες έχει το άτομο;

4. Πόσο μακριά είναι η αγορά;

5. Τι κάνει το άτομο αυτή τη στιγμή;

6. Τι είναι τα πάντα στην αγορά;

7. Πόσοι άνθρωποι βρίσκονται στην αγορά;

8. Πόσο καιρό χρειάστηκε το άτομο για να αγοράσει τα πάντα;

9. Πώς πήγε το άτομο στο σπίτι του;

10. Τι έκανε το άτομο όταν έφτασε στο σπίτι;

Questions de compréhension

1. Où va la personne ?

2. Que veut acheter la personne ?

3. Combien de sacs la personne possède-t-elle ?

4. A quelle distance se trouve le marché ?

5. Que fait la personne en ce moment ?

6. Que se passe-t-il sur le marché ?

7. Combien y a-t-il de personnes sur le marché ?

8. Combien de temps a-t-il fallu à la personne pour tout acheter ?

9. Comment la personne est-elle rentrée chez elle ?

10. Qu'a fait la personne en rentrant chez elle ?

Σε μια καφετέρια

Ήταν ένα ψυχρό **φθινοπωρινό** πρωινό και είχα κανονίσει να συναντήσω τη φίλη μου τη Lily στην αγαπημένη μας καφετέρια για έναν καφέ. Τυλίχτηκα ζεστά με το παλτό και το κασκόλ μου και ξεκίνησα. Τα φύλλα έπεφταν από τα δέντρα και ο αέρας είχε ένα τσίμπημα, αλλά ο ήλιος έλαμπε και υποσχόταν να είναι μια όμορφη μέρα. Καθώς περπατούσα, **σκεφτόμουν** πόσο καλό ήταν να έχω μια φίλη σαν τη Λίλι. Ήμασταν φίλες εδώ και χρόνια, από τότε που γνωριστήκαμε στο **πανεπιστήμιο**. Μας έδεσε η αγάπη μας για τον καφέ και το να περνάμε χρόνο συζητώντας σε καφετέριες. Παρόλο που πλέον ζούσαμε σε διαφορετικά μέρη της πόλης, εξακολουθούσαμε να συναντιόμαστε για καφέ μια φορά την εβδομάδα. Έφτασα στην καφετέρια και η Lily ήταν ήδη εκεί και με περίμενε. Αγκαλιαστήκαμε για να χαιρετηθούμε και στη συνέχεια παραγγείλαμε τον καφέ μας. Βρήκαμε ένα τραπέζι δίπλα στο παράθυρο και καθίσαμε να κουβεντιάσουμε. Ο **καφές** ήταν υπέροχος, όπως πάντα, και ήταν τόσο ωραίο να τα λέμε με τη Λίλι. Μιλήσαμε για την εβδομάδα μας, τις δουλειές μας και τα σχέδιά μας για το μέλλον. Ήταν πάντα τόσο εύκολο να μιλάς στη Λίλι και ένιωθα ότι μπορούσα να της πω τα πάντα. Μετά από λίγο, αρχίσαμε να πεινάμε και **αποφασίσαμε** να παραγγείλουμε φαγητό.

Dans un café

C'était un matin d'**automne** frisquet, et j'avais donné rendez-vous à mon amie Lily dans notre café préféré pour prendre un café. Je me suis enveloppée chaudement dans mon manteau et mon écharpe et je suis partie. Les feuilles tombaient des arbres et l'air était glacial, mais le soleil brillait et la journée promettait d'être magnifique. Tout en marchant, j'ai **pensé** à quel point c'était bien d'avoir une amie comme Lily. Nous étions amies depuis des années, depuis notre rencontre à l'**université**. Nous nous sommes liées par notre amour du café et du temps passé à discuter dans les cafés. Même si nous vivions dans des quartiers différents de la ville, nous nous retrouvions pour prendre un café une fois par semaine. Je suis arrivé au café, et Lily était déjà là, à m'attendre. Nous nous sommes embrassées et avons commandé nos cafés. Nous avons trouvé une table près de la fenêtre et nous nous sommes installées pour discuter. Le **café** était délicieux, comme toujours, et c'était si agréable de rattraper le temps perdu avec Lily. Nous avons parlé de notre semaine, de nos emplois et de nos projets pour l'avenir. C'était toujours si facile de parler à Lily, et j'avais l'impression que je pouvais tout lui dire. Après un moment, nous avons commencé à avoir faim et **avons décidé** de commander de la nourriture.

Παραγγείλαμε το φαγητό μας και βρήκαμε θέση δίπλα στο παράθυρο. Ο ήλιος έμπαινε μέσα από το παράθυρο, κάνοντας τα πάντα να μοιάζουν ζεστά και χαρούμενα. Συζητούσαμε καθώς τρώγαμε το φαγητό μας, απολαμβάνοντας την απλή ευχαρίστηση της **παρέας του** άλλου. Η καφετέρια ήταν γεμάτη, αλλά δεν αισθανόμασταν συνωστισμό. Υπήρχε μια αίσθηση γαλήνης και ικανοποίησης στον αέρα. Καθώς τελειώναμε το φαγητό μας, καθίσαμε για λίγο ακόμα, απολαμβάνοντας την ειρηνική **ατμόσφαιρα**. Μιλήσαμε για λίγο για διάφορα πράγματα που συνέβαιναν στη ζωή μας. Ήταν τόσο ωραίο να τα λέμε με τη φίλη μου και να **χαλαρώνουμε**. Ο ήλιος έλαμπε μέσα από το παράθυρο και ένιωθα ότι **τίποτα δεν** μπορούσε να χαλάσει την τέλεια μέρα μας.

Ξαφνικά, άκουσα έναν δυνατό κρότο. Γύρισα και είδα ότι ένας άνδρας είχε πέσει από το ταβάνι και βρισκόταν στο πάτωμα μπροστά μας. Ήταν **καλυμμένος** με σκόνη και συντρίμμια και φαινόταν να είναι αναίσθητος. Ο φίλος μου και εγώ ήμασταν και οι δύο σε κατάσταση σοκ καθώς κοιτούσαμε τον άνδρα που βρισκόταν στο πάτωμα. Δεν ξέραμε τι να κάνουμε ή ποιον να καλέσουμε για βοήθεια. Απλά καθόμασταν εκεί και τον κοιτούσαμε, χωρίς να ξέρουμε τι να κάνουμε. Μετά από λίγα λεπτά, συνήλθα και κάλεσα το 100. Ο τηλεφωνητής μου είπε ότι κάποιος θα ερχόταν σύντομα. Έκλεισα το τηλέφωνο και είπα στον φίλο μου τι είχε πει ο **τηλεφωνητής.**

Nous avons **commandé notre** nourriture et trouvé un siège près de la fenêtre. Le soleil brillait à travers la fenêtre, rendant le tout chaleureux et joyeux. Nous avons bavardé en mangeant, appréciant le simple plaisir d'être en **compagnie de l'autre**. Le café était occupé, mais il n'y avait pas de foule. Il y avait un sentiment de paix et de satisfaction dans l'air. Après avoir terminé notre repas, nous sommes restés assis un moment de plus, profitant de l'**atmosphère** paisible. Nous avons parlé pendant un moment de différentes choses qui avaient eu lieu dans nos vies. C'était si agréable de rattraper le temps perdu avec mon ami et de **se détendre**. Le soleil brillait à travers la fenêtre, et c'était comme si **rien ne** pouvait gâcher notre journée parfaite.

Soudain, j'ai entendu un grand fracas. Je me suis retourné pour voir qu'un homme avait traversé le plafond et gisait sur le sol devant nous. Il était **couvert** de poussière et de débris et semblait être inconscient. Mon ami et moi étions tous deux sous le choc en regardant l'homme allongé sur le sol. Nous ne savions pas quoi faire ni qui appeler à l'aide. Nous sommes restés assis là, à le regarder, sans savoir quoi faire. Après quelques minutes, je me suis ressaisie et j'ai appelé le 911. L'opérateur m'a dit que quelqu'un arriverait bientôt. J'ai raccroché le téléphone et j'ai raconté à mon ami ce que l'**opérateur avait** dit.

Ερωτήσεις κατανόησης

1. Από πού προέρχεται ο άνθρωπος που πέφτει από την οροφή;

2. Γιατί βρίσκεται η γυναίκα με τη φίλη της στο καφενείο;

3. Ποιο είναι το αγαπημένο καφέ των δύο φίλων;

4. Πόσο καιρό γνωρίζονται οι δύο φίλοι;

5. Ποιο είναι το αγαπημένο ποτό των δύο φίλων;

6. Σε ποια πόλη ζουν οι δύο φίλοι;

7. Πόσο συχνά συναντιούνται οι δύο φίλοι;

8. Τι συζητούν οι δύο φίλοι όταν συναντιούνται για πρώτη φορά στο αγαπημένο τους καφέ;

9. Ποιο είναι το αγαπημένο φαγητό των δύο φίλων;

Questions de compréhension

1. D'où vient l'homme qui tombe à travers le toit ?

2. Pourquoi la femme est-elle avec son ami dans le café ?

3. Quel est le café préféré des deux amis ?

4. Depuis combien de temps les deux amis se connaissent-ils ?

5. Quelle est la boisson préférée des deux amis ?

6. Dans quelle ville vivent les deux amis ?

7. Combien de fois les deux amis se rencontrent-ils ?

8. De quoi parlent les deux amis lorsqu'ils se rencontrent pour la première fois dans leur café préféré ?

9. Quel est le plat préféré des deux amis ?

Πηγαίνοντας για κολύμπι

Η πισίνα ήταν πάντα ένα **αναζωογονητικό** μέρος, και σήμερα δεν ήταν διαφορετικό. Ο ήλιος έλαμπε και το νερό φαινόταν φιλόξενο. Πήρα μια βαθιά ανάσα και βούτηξα μέσα, νιώθοντας τη δροσερή αγκαλιά του νερού. Κολύμπησα για λίγο, απολαμβάνοντας την άσκηση και την ευκαιρία να καθαρίσω το μυαλό μου. Μετά από λίγο, βγήκα έξω και στεγνώθηκα, και στη συνέχεια κάθισα σε μια πετσέτα για να χαλαρώσω στον ήλιο. Έκλεισα τα μάτια μου και άφησα τη **ζεστασιά να** με πλημμυρίσει, νιώθοντας τους μυς μου να αρχίζουν να χαλαρώνουν. Ξαφνικά, άκουσα έναν παφλασμό και άνοιξα τα μάτια μου για να δω τη μικρή μου αδελφή **να κωπηλατεί στο** ρηχό μέρος. Χαμογέλασα και την παρακολούθησα για λίγο, μετά σηκώθηκα και πήγα κοντά της. Κουβεντιάσαμε για λίγο και κωπηλατήσαμε μαζί, απολαμβάνοντας ο ένας την παρέα του άλλου. Σύντομα ήρθαν και οι γονείς μας και περάσαμε το υπόλοιπο απόγευμα κολυμπώντας και παίζοντας παιχνίδια μαζί. Ήταν πάντα πολύ ωραίο να περνάμε χρόνο με την οικογένεια στην πισίνα. Υπάρχει **κάτι στο** να είσαι μέσα στο νερό που φαίνεται να φέρνει τους ανθρώπους κοντά. Ίσως επειδή είμαστε όλοι ίσοι όταν είμαστε στο νερό - δεν μπορούμε να κρύψουμε

Aller nager

La piscine était toujours un endroit **rafraîchissant**, et aujourd'hui n'était pas différent. Le soleil brillait et l'eau semblait invitante. J'ai pris une profonde inspiration et j'ai plongé, sentant l'étreinte fraîche de l'eau. J'ai fait des longueurs pendant un moment, appréciant l'exercice et la possibilité de me vider la tête. Au bout d'un moment, je suis sorti et me suis séché, puis je me suis assis sur une serviette pour me détendre au soleil. J'ai fermé les yeux et laissé la **chaleur** m'envahir, sentant mes muscles se détendre. Soudain, j'ai entendu une éclaboussure et j'ai ouvert les yeux pour voir ma petite sœur **pagayer dans la** partie peu profonde. J'ai souri et je l'ai regardée pendant un moment, puis je me suis levée et je suis allée vers elle. Nous avons bavardé un peu et pataugé ensemble, appréciant la compagnie de l'autre. Nos parents nous ont bientôt rejoints et nous avons passé le reste de l'après-midi à nager et à jouer ensemble. C'était toujours très agréable de passer du temps avec la famille à la piscine. Il y a **quelque chose** dans le fait d'être dans l'eau qui semble rassembler les gens. Peut-être est-ce parce que nous sommes tous égaux lorsque nous sommes dans l'eau - nous ne pouvons pas cacher nos défauts ou prétendre

τα ελαττώματά μας ή να προσποιηθούμε ότι είμαστε κάτι που δεν είμαστε. Ή ίσως είναι απλά επειδή έχει πλάκα! **Όποιος κι αν είναι** ο λόγος, απλά χάρηκα που μπορέσαμε να βρεθούμε όλοι μαζί και να απολαύσουμε ο ένας την παρέα του άλλου σε ένα τόσο ξεχωριστό μέρος.

Ο ήλιος χτυπούσε το δέρμα μου και η μυρωδιά του χλωρίου βρισκόταν στον αέρα. Άκουγα τους ήχους των παιδιών που γελούσαν και πλατσούριζαν στην πισίνα. Ήμουν ξαπλωμένη σε μια ξαπλώστρα δίπλα στην πισίνα, απολαμβάνοντας τον ήλιο και **απολαμβάνοντας** τη μέρα. Είχα κλείσει τα μάτια μου και ήμουν έτοιμη να πέσω για ύπνο όταν άκουσα κάποιον να με πλησιάζει. Άνοιξα τα μάτια μου και είδα μια γυναίκα να στέκεται δίπλα μου. Φορούσε μπικίνι και είχε τυλίξει μια πετσέτα γύρω από τη μέση της. Είχε μακριά ξανθά μαλλιά και μπλε μάτια. Κρατούσε ένα μπουκάλι **αντηλιακό** στο χέρι της. "Σε πειράζει να βάλω λίγο αντηλιακό στην πλάτη σου;" με ρώτησε. "Όχι, δεν πειράζει", είπα, καθισμένος ώστε να μπορεί να φτάσει στην πλάτη μου. Ένιωσα τα χέρια της στο δέρμα μου καθώς έβαζε το αντηλιακό.

être ce que nous ne sommes pas. Ou peut-être est-ce simplement parce que c'est amusant ! **Quelle que soit la** raison, j'étais simplement heureuse que nous puissions tous nous réunir et profiter de la compagnie des autres dans un endroit aussi spécial.

Le soleil tapait sur ma peau et l'odeur du chlore flottait dans l'air. J'entendais le bruit des enfants qui riaient et barbotaient dans la piscine. J'étais allongée sur une chaise **longue près de la** piscine, profitant du soleil et **de la** journée. J'avais les yeux fermés et j'étais sur le point de m'endormir lorsque j'ai entendu quelqu'un s'approcher de moi. J'ai ouvert les yeux et j'ai vu une femme debout à côté de moi. Elle portait un bikini et avait une serviette enroulée autour de sa taille. Elle avait de longs cheveux blonds et des yeux bleus. Elle tenait une bouteille de **crème solaire** dans sa main. "Ça te dérange si je mets de la crème solaire sur ton dos ?" a-t-elle demandé. "Non, ça va", ai-je répondu, en me redressant pour qu'elle puisse atteindre mon dos. J'ai senti ses mains sur ma peau alors qu'elle appliquait la crème solaire.

Ερωτήσεις κατανόησης

1. Πού βρισκόταν ο αφηγητής όταν αρχίζει την ιστορία;

2. Τι μυρίζει ο αφηγητής όταν ανοίγει τα μάτια του;

3. Τι ακούει ο αφηγητής όταν ανοίγει τα μάτια του;

4. Ποιανού αντηλιακό δίνει η γυναίκα στον αφηγητή;

5. Τι ονειρεύεται ο αφηγητής;

6. Γιατί το κολύμπι στη θάλασσα είναι τόσο ξεχωριστό για τον αφηγητή;

7.Πώς αισθάνεται το νερό στο οποίο κολυμπάει ο αφηγητής;

8. Τι βλέπει ο αφηγητής όταν βγαίνει από το νερό;

9. Τι κάνει η γυναίκα αφού βάλει το αντηλιακό στον αφηγητή;

Questions de compréhension

1. Où se trouvait le narrateur lorsqu'il a commencé l'histoire ?

2. Que sent le narrateur lorsqu'il ouvre les yeux ?

3. Qu'entend le narrateur lorsqu'il ouvre les yeux ?

4. A qui la femme donne-t-elle de la crème solaire au narrateur ?

5. De quoi le narrateur rêve-t-il ?

6. Pourquoi la baignade dans la mer est-elle si spéciale pour le narrateur ?

7. quelle est la sensation de l'eau dans laquelle nage le narrateur ?

8. Que voit le narrateur quand il sort de l'eau ?

9. Que fait la femme après avoir mis la crème solaire sur le narrateur ?

Κούρεμα του γκαζόν

Είναι 10 το πρωί ενός καλοκαιρινού **Σαββάτου** και ο ήλιος ήδη χτυπάει ανελέητα. Βγαίνεις στο γκαράζ για να φέρεις τη μηχανή του γκαζόν, νιώθοντας ότι **καταδικάζεσαι** σε καταναγκαστική εργασία. Ξεκινάς να κουρεύεις το γκαζόν, φροντίζοντας να πηγαίνεις όμορφα και αργά για να μην χάσεις κανένα σημείο. Καθώς κουρεύεις, σκέφτεσαι πόσο ωραία είναι να είσαι έξω στον καθαρό αέρα. Καθώς αρχίζετε να σπρώχνετε το χλοοκοπτικό μπρος-πίσω στο γκαζόν, βλέπετε με την άκρη του **ματιού σας τον** γείτονά σας. Χαιρετάτε τον γείτονα και τον χαιρετάτε και αυτός σας χαιρετάει.

Μετά από λίγα λεπτά, τελειώνετε και πηγαίνετε στο σπίτι του γείτονά σας για να πιείτε μια μπύρα μαζί του στον κήπο. Είναι μια **τέλεια** μέρα - όχι πολύ ζεστή, με ένα απαλό αεράκι να φυσάει. Κάθεστε εκεί στη σκιά του δέντρου, πίνοντας την μπύρα σας και συζητώντας με τον γείτονά σας. Τέτοιες μέρες σε κάνουν να εκτιμάς το καλοκαίρι. Στη συνέχεια **μπαίνετε** μέσα για μια μπύρα που σας αξίζει. Ξαπλώνεις σε μια καρέκλα στη βεράντα και ανοίγεις το κουτάκι, αφήνοντας έναν ικανοποιημένο αναστεναγμό. Ο ήχος του χλοοκοπτικού μηχανήματος περνάει στο παρασκήνιο καθώς χαλαρώνεις στη σκιά, απολαμβάνοντας την **ηρεμία της** στιγμής. Η μπύρα έχει πολύ καλή γεύση μετά από όλη αυτή τη σκληρή δουλειά

Tonte de la pelouse

Il est 10 heures du matin, un **samedi d'**été, et le soleil tape déjà sans pitié. Vous vous frayez un chemin jusqu'au garage pour aller chercher la tondeuse à gazon, avec l'impression d'être **condamné** aux travaux forcés. Vous commencez à tondre la pelouse, en veillant à aller doucement pour ne pas manquer d'endroits. Pendant que vous tondez, vous pensez à tout le bien que cela fait d'être dehors à l'air frais. Alors que vous commencez à pousser la tondeuse d'avant en arrière sur la pelouse, vous apercevez votre voisin du coin de l'**œil**. Vous lui faites signe et lui dites bonjour, et il vous répond.

Après quelques minutes, vous avez terminé, et vous vous rendez chez votre voisin pour prendre une bière avec lui dans le jardin de devant. C'est une journée **parfaite**, il ne fait pas trop chaud et une légère brise souffle. Vous êtes assis à l'ombre de l'arbre, sirotant votre bière et discutant avec votre voisin. Ce sont des jours comme celui-ci qui vous font apprécier l'été. Puis vous rentrez à l'intérieur pour prendre une bière bien méritée. Vous vous installez sur une chaise sous le porche et ouvrez la canette, en poussant un soupir de satisfaction. Le bruit de la tondeuse s'estompe et vous vous détendez à l'ombre, profitant de la **tranquillité**

στη ζέστη. Ήμουν έτοιμος να πάω μέσα, όταν άκουσα έναν θόρυβο δίπλα.

Ακουγόταν σαν κάποιος να έκλαιγε. Σταμάτησα να κουρεύω και πήγα στον φράχτη που χώριζε τις αυλές μας. Κοίταξα και είδα τη γειτόνισσά μου, την κυρία Τζόνσον, να κλαίει στην κούνια της βεράντας της. Της φώναξα, αλλά δεν με άκουσε. Σκαρφάλωσα πάνω από τον φράχτη και την πλησίασα. "Κυρία Τζόνσον, είστε καλά;" ρώτησα. Με κοίταξε με δάκρυα στα μάτια και κούνησε το κεφάλι της. "Όχι, δεν είμαι καλά", είπε. "Η γάτα μου πέθανε χθες". Σοκαρίστηκα. Δεν ήξερα τι να πω. Απλώς στεκόμουν εκεί αμήχανα, χωρίς να ξέρω τι να κάνω. Τελικά, έβαλα το χέρι μου στον **ώμο** της και της είπα: "Λυπάμαι πολύ, κυρία Τζόνσον. Αν υπάρχει κάτι που μπορώ να κάνω για να βοηθήσω, παρακαλώ ενημερώστε με. " Εκείνη κούνησε το κεφάλι της και είπε: "Όχι, δεν υπάρχει **τίποτα** που μπορεί να κάνει κανείς". Μετά σηκώθηκε και μπήκε μέσα στο σπίτι της. Στάθηκα εκεί για μια στιγμή, χωρίς να ξέρω τι να κάνω. Μετά επέστρεψα να κουρέψω το γκαζόν μου. Καθώς τελείωνα, δεν μπορούσα παρά να σκεφτώ την κυρία Τζόνσον και τη γάτα της.

du moment. La bière a un goût extra bon après tout ce dur travail dans la chaleur. J'étais sur le point de rentrer quand j'ai entendu un bruit à côté.

On aurait dit que quelqu'un pleurait. J'ai arrêté de tondre et j'ai marché jusqu'à la clôture qui séparait nos jardins. J'ai jeté un coup d'œil par-dessus et j'ai vu ma voisine, Mme Johnson, pleurer sur sa balançoire sous le porche. Je l'ai appelée, mais elle ne m'a pas entendue. J'ai escaladé la clôture et j'ai marché jusqu'à elle. "Mme Johnson, vous allez bien ?" J'ai demandé. Elle a levé les yeux vers moi, les larmes aux yeux, et a secoué la tête. "Non, je ne vais pas bien", a-t-elle dit. "Mon chat est mort hier." J'étais choquée. Je n'ai pas su quoi dire. Je suis restée là, maladroitement, sans savoir quoi faire. Finalement, j'ai posé ma main sur son **épaule** et j'ai dit : "Je suis vraiment désolée, Mme Johnson. Si je peux faire quelque chose pour vous aider, faites-le moi savoir". "Elle a secoué la tête et a dit : "Non, il **n'y a rien que** personne ne puisse faire". Puis elle s'est levée et est entrée dans sa maison. Je suis resté là un moment, ne sachant pas quoi faire. Puis je suis retourné tondre ma pelouse. En terminant, je n'ai pu m'empêcher de penser à Mme Johnson et à son chat.

Ερωτήσεις κατανόησης

1. Τι ώρα είναι;

2. Πού βρίσκεται το άτομο που κουρεύει;

3. Πώς αισθάνεται το άτομο;

4. Γιατί το άτομο πρέπει να κουρεύει αργά;

5. Τι καιρό έχουμε;

6. Τι κάνει το άτομο μετά το κούρεμα;

7. Τι ακούει το άτομο πριν πάει στο σπίτι του;

8. Ποιος είναι με την κα Τζόνσον;

9. Γιατί κλαίει η κυρία Τζόνσον;

10. Τι λέει το άτομο στην κυρία Τζόνσον;

Questions de compréhension

1. Quelle heure est-il ?

2. Où se trouve la personne qui tond ?

3. Comment la personne se sent-elle ?

4. Pourquoi la personne doit-elle tondre lentement ?

5. Quel est le temps qu'il fait ?

6. Que fait la personne après avoir fauché ?

7. Qu'entend la personne avant de rentrer chez elle ?

8. Qui est avec Mme Johnson ?

9. Pourquoi Mme Johnson pleure-t-elle ?

10. Que dit la personne à Mme Johnson ?

Κούρεμα

Ήθελα να κουρευτώ εδώ και εβδομάδες, αλλά πάντα κατάφερνα να το αναβάλλω. Αλλά με τα **Χριστούγεννα να είναι προ των πυλών**, ήξερα ότι δεν μπορούσα να το αναβάλλω άλλο. Δεν ήθελα να εμφανιστώ στο χριστουγεννιάτικο δείπνο της οικογένειάς μου σαν ένα ατημέλητο χάλι. Έτσι, νωρίς το πρωί των Χριστουγέννων, πήγα στο κομμωτήριο. Παρόλο που ήταν νωρίς, το κομμωτήριο ήταν ήδη απασχολημένο με άλλους ανθρώπους **που** έφτιαχναν τα μαλλιά τους για τις γιορτές. Πήρα τη θέση μου στην ουρά και περίμενα τη σειρά μου. Τελικά, ήρθε η σειρά μου στην καρέκλα. Η στιλίστρια, μια φιλική γυναίκα ονόματι Jill, με ρώτησε τι ήθελα. "Απλά ένα κούρεμα, τίποτα δραστικό", απάντησα. Η Τζιλ έπιασε δουλειά, κόβοντας τα μαλλιά μου. Καθώς δούλευε, άρχισα να χαλαρώνω. Ένιωθα ωραία που επιτέλους φρόντιζα τον εαυτό μου. Ήμουν τόσο απασχολημένη τον τελευταίο καιρό, τρέχοντας να φροντίζω όλους τους άλλους, που είχα αφήσει τις δικές μου ανάγκες να περάσουν στο περιθώριο. Αλλά όχι **πια**. Από τώρα και στο εξής, θα έβρισκα χρόνο για τον εαυτό μου.

Όταν η Τζιλ τελείωσε, κοίταξα στον καθρέφτη και έμεινα ευχαριστημένη με αυτό που είδα. Τα μαλλιά μου

Se faire couper les cheveux

Cela faisait des semaines que je voulais me faire couper les cheveux, mais j'arrivais toujours à remettre ça à plus tard. Mais à l'approche de **Noël, je** savais que je ne pouvais plus attendre. Je ne voulais pas me présenter au dîner de Noël de ma famille avec une coiffure débraillée. Alors, tôt le matin de Noël, je me suis rendue au salon. Même s'il était tôt, le salon était déjà occupé par d'autres personnes qui **se faisaient** coiffer pour les fêtes. J'ai pris ma place dans la file d'attente et j'ai attendu mon tour. Enfin, c'était mon tour sur la chaise. La styliste, une femme sympathique nommée Jill, m'a demandé ce que je voulais. "Juste une coupe, rien de trop radical", ai-je répondu. Jill s'est mise au travail, coupant mes cheveux. Pendant qu'elle travaillait, j'ai commencé à me détendre. C'était bon de prendre enfin soin de moi. J'avais été tellement occupé ces derniers temps, à courir partout pour m'occuper de tout le monde, que j'avais laissé mes propres besoins de côté. Mais plus **maintenant**. A partir de maintenant, j'allais prendre du temps pour moi.

Lorsque Jill a terminé, je me suis regardée dans le miroir et j'étais ravie de ce que je voyais. Mes cheveux étaient soignés et polis, parfaits pour les fêtes de fin d'année. J'ai **remercié** Jill et j'ai noté **mentalement** de

έδειχναν τακτοποιημένα και γυαλισμένα - τέλεια για τις γιορτινές συγκεντρώσεις. **Ευχαρίστησα** την Τζιλ και σημείωσα στο **μυαλό μου** να έρχομαι πιο συχνά. Από τώρα και στο εξής, θα φροντίζω πρώτα απ' όλα τον εαυτό μου. Έπιασε δουλειά κόβοντας τα μαλλιά μου. Σκέφτηκα πόσο ευγνώμων ήμουν που επιτέλους είχα καταφέρει να κουρευτώ. Ένιωθα καλά που ήξερα ότι θα ήμουν ευπαρουσίαστη για το χριστουγεννιάτικο **δείπνο**. Δεν θα χρειαζόταν πλέον να ανησυχώ για την οικογένειά μου που θα με πείραζε για την "ατημέλητη" εμφάνισή μου. Μετά από λίγα λεπτά, ο κομμωτής τελείωσε με το κούρεμα των μαλλιών μου και μου έκανε ένα γρήγορο πιστολάκι. Κοίταξα στον καθρέφτη και ήμουν ευχαριστημένη με αυτό που έβλεπα - μια καθαρή εμφάνιση που θα ήταν τέλεια για το χριστουγεννιάτικο δείπνο. Τώρα που το κούρεμά μου είχε τελειώσει, μπορούσα να επικεντρωθώ στο να απολαύσω τις γιορτές με την οικογένειά μου. Και ήμουν ακόμα πιο ευγνώμων γι' αυτό.

Ένιωσα τόσο **απελευθερωμένη** και μου άρεσε πολύ το νέο μου κούρεμα. Αφού πλήρωσα για το κούρεμά μου, πήγα σπίτι και άρχισα να μαζεύω τα πράγματά μου για το ταξίδι μου. Ανυπομονούσα να επιδείξω το νέο μου λουκ στην οικογένεια και τους φίλους μου. Ήξερα ότι θα εκπλαγούν όταν με δουν. Την ημέρα της πτήσης μου, έφτασα στο αεροδρόμιο με αρκετό χρόνο στη διάθεσή μου.

revenir plus souvent. À partir de maintenant, je prendrai soin de moi d'abord et avant tout. Elle s'est mise au travail en coupant mes cheveux. J'ai pensé à combien j'étais reconnaissante d'avoir enfin pris le temps de me faire couper les cheveux. Je me sentais bien de savoir que j'allais être présentable pour le **repas de** Noël. Je n'aurais plus à m'inquiéter des taquineries de ma famille sur mon apparence "débraillée". Après quelques minutes, le coiffeur a fini de me couper les cheveux et m'a fait un rapide brushing. Je me suis regardé dans le miroir et j'étais heureux de ce que je voyais - un look propre qui serait parfait pour le dîner de Noël. Maintenant que ma coupe de cheveux était terminée, je pouvais me concentrer sur les vacances avec ma famille. Et j'en étais encore plus reconnaissante.

Je me suis sentie tellement **libérée** et j'ai adoré le look de ma nouvelle coupe de cheveux. Après avoir payé ma coupe, je suis rentrée chez moi et j'ai commencé à faire mes bagages pour mon voyage. J'**avais hâte** de montrer mon nouveau look à ma famille et à mes amis. Je savais qu'ils seraient surpris en me voyant. Le jour de mon vol, je suis arrivée à l'aéroport avec beaucoup de temps devant moi.

Ερωτήσεις κατανόησης

1. Τι έπρεπε να κάνει ο πρωταγωνιστής πριν από τα Χριστούγεννα;

2. Πώς ένιωθε η πρωταγωνίστρια για τη φροντίδα του εαυτού της;

3. Ποιος κούρευε τα μαλλιά του πρωταγωνιστή;

4. Γιατί η οικογένεια της πρωταγωνίστριας θα την πείραζε;

5. Πώς αισθάνθηκε η πρωταγωνίστρια μετά το κούρεμά της;

6. Τι έκανε η πρωταγωνίστρια αφού κουρεύτηκε;

7. Ποια ήταν η αντίδραση της οικογένειας της πρωταγωνίστριας στο κούρεμά της;

8. Τι έκανε ο πρωταγωνιστής την παραμονή των Χριστουγέννων;

9. Τι έκανε την εμπειρία του πρωταγωνιστή πιο ξεχωριστή;

10. Τι θα συνέβαινε αν ο πρωταγωνιστής δεν κουρευόταν;

Questions de compréhension

1. Que devait faire le protagoniste avant Noël ?

2. Que pense la protagoniste du fait de prendre soin d'elle ?

3. Qui a taillé les cheveux du protagoniste ?

4. Pourquoi la famille de la protagoniste allait-elle se moquer d'elle ?

5. Qu'a ressenti la protagoniste après s'être fait couper les cheveux ?

6. Qu'a fait la protagoniste après s'être fait couper les cheveux ?

7. Quelle a été la réaction de la famille de la protagoniste à sa coupe de cheveux ?

8. Qu'a fait le protagoniste la veille de Noël ?

9. Qu'est-ce qui a rendu l'expérience du protagoniste plus spéciale ?

10. Que se passerait-il si le protagoniste ne se faisait pas couper les cheveux ?

Το πάρκο

Ο ήλιος έδυε και το πάρκο ήταν άδειο. Κάθισα στο παγκάκι, περιμένοντας τον **φίλο μου**. Είχαμε κανονίσει να συναντηθούμε εδώ πριν από μια ώρα, αλλά πάντα αργούσε. Εκεί που ήμουν έτοιμος να τα παρατήσω και να πάω σπίτι, την είδα να τρέχει προς το μέρος μου. "Λυπάμαι πολύ", ασθμαίνοντας έφτασε στον πάγκο. "Το τρένο μου **καθυστέρησε**".

"Δεν πειράζει", είπα **με συγχώρεση**. "Μόλις έφτασα εδώ".

Καθίσαμε και συζητήσαμε για λίγο, ενημερώνοντας ο ένας τη ζωή του άλλου από την τελευταία φορά που συναντηθήκαμε. Η συζήτηση κύλησε **εύκολα** και ήταν σαν να μην είχε περάσει καθόλου χρόνος από την τελευταία φορά που ειδωθήκαμε. Καθώς έδυε ο ήλιος, αποχαιρετιστήκαμε και πήραμε τους δρόμους μας. Την επόμενη φορά που συναντηθήκαμε, ήταν σε ένα διαφορετικό πάρκο. Και πάλι, είχε αργήσει, αλλά δεν με πείραξε. Ήταν ωραίο να έχω κάποιον να μιλήσω που με **καταλάβαινε.** Μιλήσαμε για τα όνειρα και τις **φιλοδοξίες** μας, για πράγματα που θέλαμε να κάνουμε στη ζωή μας. Εκείνη μου είπε για τα σχέδιά της να ταξιδέψει στον κόσμο και εγώ μοιράστηκα το όνειρό μου να γίνω συγγραφέας. Καθώς ο ήλιος έδυε σε μια άλλη μέρα, αποχαιρετιστήκαμε για άλλη μια φορά, υποσχόμενοι να κρατήσουμε επαφή αυτή τη φορά.

Le parc

Le soleil se couchait, et le parc était vide. Je me suis assise sur un banc, attendant mon **amie**. Nous avions prévu de nous retrouver ici il y a une heure, mais elle était toujours en retard. Au moment où j'allais abandonner et rentrer chez moi, je l'ai vue courir vers moi. "Je suis vraiment désolée", a-t-elle haleté en atteignant le banc. "Mon train a été **retardé**." "C'est bon", ai-je dit **avec indulgence**. "Je viens juste d'arriver." Nous nous sommes assis et avons bavardé pendant un certain temps, prenant des nouvelles de la vie de chacun depuis notre dernière rencontre. La conversation était fluide **et nous avions** l'impression que le temps n'avait pas passé depuis notre dernière rencontre. Au coucher du soleil, nous nous sommes dit au revoir et avons pris des chemins différents. La fois suivante, c'était dans un autre parc. Encore une fois, elle était en retard, mais ça ne m'a pas dérangé. C'était agréable d'avoir quelqu'un à qui parler et qui me **comprenait**. Nous avons parlé de nos rêves et de nos **aspirations**, des choses que nous voulions faire de nos vies. Elle m'a parlé de son projet de voyager dans le monde entier, et j'ai partagé mon rêve de devenir écrivain. Alors que le soleil se couchait sur un autre jour, nous nous sommes dit au revoir une fois de plus, en promettant de rester en contact cette fois-ci.

Τα χρόνια πέρασαν και η **φιλία** μας παρέμεινε ισχυρή, παρόλο που ζούσαμε πλέον σε διαφορετικά μέρη της χώρας. Κρατούσαμε επαφή μέσω επιστολών και περιστασιακών τηλεφωνημάτων, μοιραζόμενοι ο ένας με τον άλλον τα νέα της ζωής μας. Όταν ανακοίνωσε ότι παντρεύεται, δεν **εξεπλάγην** - ήταν πάντα **περιπετειώδης** τύπος. Αλλά όταν με ρώτησε αν θα ήμουν κουμπάρα της στη γαμήλια τελετή της που θα γινόταν στην άλλη άκρη του κόσμου από εκεί που ζούσα... χρειάστηκε να την πείσω! Στο τέλος όμως δεν μπορούσα να αφήσω την καλύτερή μου φίλη να παντρευτεί χωρίς εμένα στο πλευρό της, οπότε παρά τους φόβους μου (και μετά από πολλές παρακλήσεις της!) **συμφώνησα** να πάω μαζί της σε αυτό που αποδείχθηκε η **περιπέτεια** της ζωής μου.

Η ημέρα του **γάμου** έφτασε επιτέλους. Είχα άγχος, αλλά και ενθουσιασμό που θα συμμετείχα σε μια τόσο σημαντική στιγμή στη ζωή της φίλης μου. Η τελετή ήταν πανέμορφη και εκείνη έδειχνε ευτυχισμένη καθώς έλεγε τους όρκους της. **Στη συνέχεια**, γιορτάσαμε με ένα μεγάλο πάρτι - φαινόταν ότι όλοι όσοι γνώριζε είχαν έρθει να γιορτάσουν μαζί της! Ήταν μια **μαγική** μέρα που δεν θα ξεχάσω ποτέ, και η φιλία μας έγινε ακόμα πιο δυνατή μετά από αυτή την περιπέτεια. Τώρα, χρόνια αργότερα, εξακολουθούμε να κρατάμε επαφή.

Les années ont passé, et notre **amitié** est restée forte, même si nous vivions désormais dans des régions différentes du pays. Nous sommes restés en contact par des lettres et des appels téléphoniques occasionnels, partageant les nouvelles de nos vies respectives. Lorsqu'elle a annoncé qu'elle allait se marier, je n'ai pas été **surpris** - elle avait toujours été du genre **aventureux**. Mais lorsqu'elle m'a demandé si j'accepterais d'être sa demoiselle d'honneur à la cérémonie de son mariage qui se déroulait à l'autre bout du monde, loin de chez moi... il a fallu la convaincre ! En fin de compte, je ne pouvais pas laisser ma meilleure amie se marier sans moi à ses côtés, alors malgré mes craintes (et après qu'elle m'ait beaucoup suppliée !), j'ai **accepté de participer à** ce qui s'est avéré être l'**aventure** de ma vie.

Le jour du **mariage** est enfin arrivé. J'étais nerveux, mais excité de faire partie d'un moment si important dans la vie de mon amie. La cérémonie était magnifique, et elle avait l'air heureuse en prononçant ses vœux. **Ensuite,** nous avons fait une grande fête - on aurait dit que tous ses proches étaient venus célébrer avec elle ! C'était un jour **magique** que je n'oublierai jamais, et notre amitié n'a fait que se renforcer après cette aventure. Aujourd'hui, des années plus tard, nous restons toujours en contact.

Ερωτήσεις κατανόησης

1. Πού συναντήθηκαν για πρώτη φορά η συγγραφέας και η φίλη της;

2. Γιατί ο φίλος του συγγραφέα άργησε στη συνάντησή τους;

3. Για τι μίλησαν οι φίλοι όταν συναντήθηκαν ξανά μετά από χρόνια;

4. Πώς αισθάνθηκε η συγγραφέας όταν παρακολούθησε τη γαμήλια τελετή της φίλης της;

5. Περιγράψτε το σκηνικό της γαμήλιας τελετής.

6. Πώς άλλαξε η φιλία μεταξύ των δύο γυναικών με την πάροδο του χρόνου;

7. Ποιο είναι το όνειρο του συγγραφέα;

8. Πού σκοπεύει να ταξιδέψει ο φίλος του συγγραφέα;

9. Γιατί η συγγραφέας δίσταζε να παραστεί στη γαμήλια τελετή της φίλης της;

Questions de compréhension

1. Où l'auteur et son ami se sont-ils rencontrés pour la première fois ?

2. Pourquoi l'ami de l'auteur était-il en retard à leur réunion ?

3. De quoi les amis ont-ils parlé lorsqu'ils se sont retrouvés des années plus tard ?

4. Qu'a ressenti l'auteur en assistant à la cérémonie de mariage de son amie ?

5. Décrivez le cadre de la cérémonie de mariage.

6. Comment l'amitié entre les deux femmes a-t-elle évolué au fil du temps ?

7. Quel est le rêve de l'auteur ?

8. Où l'ami de l'auteur prévoit-il de voyager ?

9. Pourquoi l'auteur a-t-elle hésité à assister à la cérémonie de mariage de son amie ?